熊本県高森町

教育DX
デジタルトランスフォーメーション

の軌跡

編著／中村学園大学教育学部 教授
山本朋弘 Yamamoto Tomohiro

東京工業大学 名誉教授
清水康敬 Shimizu Yasutaka

東京学芸大学教職大学院 教授
堀田龍也 Horita Tatsuya

宮崎大学 理事・副学長
新地辰朗 Shinchi Tatsuro

内閣官房 内閣審議官
髙谷浩樹 Takaya Hiroki

熊日出版

熊本県高森町の教育実践動画集

　QRコードを読み取ると，本書にて掲載しているコラムや実践事例に関連する動画を視聴できます。

平成27(2015)年度

① 中学校国語科　NIE に関する授業

② 中学校高森ふるさと学（総合的な学習の時間）　高森東中版子ども議会

平成29(2017)年度

③ 高森東学園義務教育学校研究発表会

平成29(2017)年度

④ 文部科学省委託事業成果報告会及び実証研究委員会

平成30(2018)年度

⑤ わくわく子ども英語キャンプ

⑥ 園児との英語遠隔交流

平成30(2018)年度

⑦ 高森町「教育の情報化」研究発表会

令和元(2019)年度

⑧ 高森町「新たな学び」研究発表会（中学校）

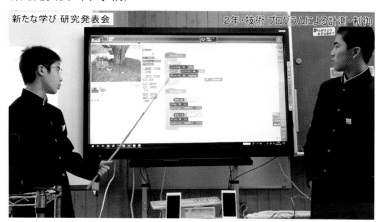

⑨ 高森町「新たな学び」研究発表会（小学校）

令和2(2020)年度

⑩ 学校の臨時休業等における ICT を活用した取組

令和3(2021)年度

⑪ 天皇皇后両陛下オンライン行幸啓

⑫ 小学校と各公民館とのオンライン交流

新聞で振り返る高森町教育 DX の軌跡

ＩＣＴ 授業に生かせ

高森町の 4 小中学校　電子端末 120 台配備

高森町教委は町内全小中学校の4校に計120台のタブレット型端末を配備し、情報通信技術（ICT）を活用した授業の実証研究に取り組む。実施期間は今年4月〜2015年3月。IT機器卸大手のダイワボウ情報システム（本社・大阪市）と協賛企業が全国32校で実施する教育におけるICT利活用の実証研究の一つで、端末などの機器を無償提供する。

同町は電子黒板やデジタル教科書を4校に導入しており、同研究の参加に手を挙げた。提供機器はタブレット型端末や教員用ノートパソコン、教材など1500万円相当。タブレット端末はノート型パソコンにもなる。

参加校は、成果報告（年3回以上）や公開授業（年1回以上）を実施し、互いの授業事例などを共有する。

佐藤増夫教育長は「情報の活用能力を高め、学力向上につなげたい」と話している。県内では山江村の3小中学校も研究に参加する。（藤山裕作）

情報通信技術（ICT）を活用した授業の実証研究のために導入されたタブレット型端末＝高森町の高森中央小

図1　平成25（2013）年3月12日付　熊本日日新聞朝刊掲載

公立校にテレビ会議システム

県教委、本格導入へ　学校間交流などに活用

県教委は14日、情報通信技術（ICT）を活用したテレビ会議システムを熊本市立を除く県内公立校に本格導入すると発表した。離れた地域の学校間交流や共同学習などに活用するほか、本校と分校をつないだ会議などにも用い、校務負担の軽減も図る。

県教委がサーバーを管理し、テレビ会議システムを導入する高森町や上天草市などの8校を指定。高森中央小と高森東小では修学旅行前の合同学習で利用したほか、黒石原文授学校では送迎や通学が難しい生徒の自宅と学校をつなぎ、特別支援教育に活用した。

県庁であった記者会見で、高森町の佐藤増夫教育長は高森中とテレビ会議システムで実際にやりとりした。16日に高森中央小と高森東小、28日には上天草市の登立小で研究発表会を開く。

同システムは、パソコン画面に双方の画像が表示され、リアルタイムで会話が可能。パソコン端末とウェブカメラ、ヘッドセット、インターネットに接続する環境があれば利用できる。

県教委は2013年度から「未来の学校」創造プロジェクトと題した研究事業に取り組んでおり、高森町や上天草市などの8校を指定。

県内でも珍しいという。1月から利用申請を受け付けており、IDとパスワードを交付する。（福井一基）

テレビ会議システムを使って高森中とやりとりする高森町の佐藤増夫教育長（右）。離れた地域の学校間交流などに活用される＝14日、県庁

図2　平成26（2014）年1月15日付　熊本日日新聞朝刊掲載

電子黒板の画面を使って、高森町の防災担当者と九州北部豪雨についてやりとりする児童たち＝同町

電子黒板で防災教育

高森中 活用法を研究発表

電子黒板など情報通信技術（ICT）を活用した授業の研究発表会が16日、高森町の高森中であった。町内の小中学校の教師らが九州北部豪雨を題材に、テレビ会議で町の防災担当者らに質問する授業などを紹介した。

同町教委は、2013年度までに、町内の小学校2校と中学校2校の全校に電子黒板計36台を配備。タブレットパソコン120台やICT機器企業などが取り組む実証研究に参加。県教委の「未来の学校」創造プロジェクトにも指定されている。

発表会は、県内外の学校関係者ら約500人が参加。ICTを活用した各教科の取り組みを題材に、6年の社会科では12年夏の九州北部豪雨災害で行政が果たした役割を調査。児童が、電子黒板2台を使って阿蘇広域消防本部と高森町役場の担当者に当時の状況や動きを直接聞いてまとめた。

見学者たちは「教室で生の声を聞くことができ、児童の主体性も高まる」「教師の準備

みや学校運営などを、4校の教師らが電子黒板を駆使して伝えた。教室で公開授業もあり、は労力がかかりそう」などと感想を述べていた。

（藤山裕作）

図3　平成26（2014）年1月17日付　熊本日日新聞朝刊掲載

6

図4　令和元（2019）年6月8日付　熊本日日新聞朝刊掲載

通信テストを兼ね、児童らとホームルームをする高森東学園義務教育学校＝12日、高森町

休校対策

高森町 遠隔授業開始へ

子ども宅に無線ＬＡＮ整備

情報通信技術（ＩＣＴ）を活用した教育を進める高森町は12日までに、新型コロナウイルスによる休校対策として、町内の全児童生徒445人が遠隔授業を受けられるように全世帯に無線ＬＡＮ「Ｗｉ-Ｆｉ」環境を整えた。休校延長が始まる16日から本格的に運用を開始する。文部科学省によると「自治体が全児童生徒を対象に遠隔授業をするのは珍しい」という。

同町教育委員会によると、町内には町立の小中学校が3校があり、家庭内にＷｉ-Ｆｉ環境がない26世帯のうち、23世帯に携帯型のＷｉ-Ｆｉルーターを提供。通信環境が不安定な山間部の3世帯には、インターネット回線の開設工事をした。休校期間の臨時措置で、事業費は総額32万8600円。2019年度一般会計予算の予備費を充てると、町が配信しているテレビ番組「たかもりポイントチャンネル」を通じて生活指導をする。

文科省は「校区が広い山間部は、遠隔授業など災害時の安否確認にも利用できて先進的だ」と評価する。12日は高森東学園義務教育学校（9年制）の4～8年生を対象に、通信テストを兼ねホームルームなどを実施した。

同町は18年度までに、全児童生徒に1人1台ずつタブレット端末を配備済み。当面、本格的にタブレットを授業に導入し自宅に持ち帰っている小学4年生以上には、担任が子どもたちと直接やりとりするための通信の機会を与え、休校中の子どもたちに平等な学習の機会を与えるための措置で、積み上げてきたＩＣＴ教育を活用したい。持ち帰っていない3年生以下は双

草村大成町長は「休校期間中も双方向で遠隔授業をする。

（上杉勇太）

図5　令和2（2020）年3月13日付
熊本日日新聞朝刊掲載

オンラインで高森中央小の児童らと懇談される天皇、皇后両陛下（左）＝12日午後、高森町（後藤仁孝）

両陛下 高森中央小で交流

オンライン ＩＣＴ教育にねぎらい

天皇、皇后両陛下は12日、東京の赤坂御所と高森町の高森中央小をオンラインで結び、同町が先進的に取り組む情報通信技術（ＩＣＴ）教育や遠隔授業の様子を視察された。

両陛下は例年、こどもの日に合わせ、都内近郊の小学校などを訪問されているが、今年は新型コロナウイルス感染拡大で見送られた。オンライン視察は初めて。中山間地域でＩＣＴ活用に注力する高森町が選ばれた。報道機関には非公開だった。

両陛下は、同小が昨年3～5月の休校期間に実施した遠隔授業などをまとめた映像を視聴された。佐藤増夫教育長が、全児童生徒に1台ずつタブレット端末を配備したことで、コロナ禍でもいち早く遠隔授業に対応したことや、熊本日日新聞社と共同で構築した「タブレット図書館」の取り組みを説明した。

草村大成町長は「ＩＣＴ教育にねぎらいの言葉をいただいた」と話した。両陛下は児童らと懇談もされ、22日に予定している運動会について聞かれた6年の藤本康希君は「晴れて良いですね」と優しい言葉をかけていただいた」と話した。

両陛下は、熊本地震と昨年7月の豪雨災害の被災地に、お見舞いの言葉も述べられたという。

（上杉勇太）

図6　令和3（2021）年5月13日付
熊本日日新聞朝刊掲載

はじめに

中村学園大学教育学部　教授　山　本　朋　弘

　本書では，熊本県高森町が長年 ICT 教育に取り組み，学校 DX を進めてきた様子を詳しく紹介していきます。実際に高森町での授業を参観したことがあれば，そのことは言うまでもなく分かることではありますが，ここでは，高森町が ICT 教育に取り組んだ経緯を説明しながら，高森町の教育全体を概観していきたいと思います。

1．なぜ，高森町が注目されるのか

　AI やロボット等の新たなテクノロジーによって，社会の中でデジタル・トランスフォーメーション（DX）が進んでいます。これは，社会のさまざまな様式や活動の変化に大きく関わっており，海外では学校教育の DX 化がいち早く進んでいます。

　しかし，日本の学校教育では，従来の方法や形態からの変化を好まず，新たな情報技術を学校現場に導入することが遅れています。多くの教室が教師主導の授業形態から脱却できず，子ども中心の授業に転換できず，教師の働き方改革にもつながっていない現状にあります。そんな状況下で，熊本県の高森町は，いち早く ICT 教育に取り組み，全国からも注目される自治体となりました。それでは，高森町が注目されるのはなぜでしょうか。

　熊本県高森町が ICT 教育に取り組み始めたのは，平成24（2012）年からです。その頃は，児童生徒 1 人 1 台端末どころか，大型提示装置や実物投影機，デジタル教科書などを教師が活用していく段階でした。当時，草村町長と佐藤前教育長から，最先端のネットワーク環境と小学校でのプログラミング教育を進めたいと相談を受けたことを鮮明に覚えています。ネットワーク環境は高速で大容量であり，数年先を行くような ICT 環境にしたいというビジョンが伝わってきました。

2．多面的な取組から

　高森町は，ICT 教育だけでなく，義務教育学校の設置，小学校英語教育の特例校など，さまざまな教育課題に対応すべく，多面的に取組を進めています。これらの取組の詳細は，以後の事例等から詳しく読み取ることができると思いますので，ここでは割愛いたします。

　ICT 教育についても，さまざまな取組を進めています。授業での ICT 活用だけでなく，遠隔教育やプログラミング教育など，これから注目すべき内容にいち早く取り組んでいます。例えば，児童生徒 1 人 1 台端末の環境は，平成29年に先行して実現していますし，プログラミング教育も早期から取組を進めています。また，家庭への端末持ち帰りも早い時期に展開して

います。コロナ禍においては，早くから取り組んでいた遠隔教育のノウハウを活かして，家庭と学校をつなぐオンライン授業を進めています。

３．学校と行政の距離感が近い

　新たな教育課題に取り組み，順調に成果を出している地域では，学校と行政の距離感が近く，学校と教育委員会，教育委員会と首長部局がそれぞれ連携しながら，課題を整理して取組を進めています。さらに，教育の情報化を教育計画全体の中に位置付けており，教育委員会がそのビジョンを策定し，推進していることがわかります。

　高森町は，まさに学校と行政の距離感が近い地域だと言えます。CIO 制度を導入し，教育長が教育 CIO，校長が学校 CIO，教育委員会及び学校の情報担当者が CIO 補佐官として，それぞれが連携しながら計画立案や環境整備を推進しています。

４．国や県の施策・企業等との連携

　教育の情報化では，文部科学省や総務省，経済産業省等の省庁が国レベルでの施策を計画・実行して，各地域や各学校での推進が展開されています。また，都道府県教育委員会においても，各市町村と連携しながら，教育の情報化に関する県レベルでの施策を推進しています。

　高森町は，国や県の施策に対して積極的に関わり，文部科学省等の委託事業や熊本県教育委員会の研究指定を数多く受託して，教育の情報化を総合的に進めてきています。このことは，１人１台端末の活用や遠隔授業等，さまざまな分野での取組が見られますので，詳しい内容は各章で紹介いたします。

　技術革新が急速に進展する中，学校教育において新たな技術を迅速に取り入れていくために，外部の専門家の協力を得ることも必要です。最先端のテクノロジーについてノウハウを有する民間企業等と連携しながら，効果的に学校に技術を導入していくことが有効です。学校 ICT 環境整備に係る技術的ノウハウを提供してもらい，情報活用能力の育成や教科等での ICT 活用を推進する上でも民間企業等と連携し協力を得ることは有効と言えます。

５．最終ゴールは新たな学びの姿

　高森町の教育の情報化は，ICT 環境の整備や ICT の有効活用に止まりません。最終ゴールは，子ども達の新たな学びをどのように進めれば良いか，将来活躍できるための資質能力の育成と言えます。本書は，子ども達の主体的な学びを中心に据えた高森町の軌跡を感じ取れる１冊となっています。

発刊にあたって

熊本県高森町長　草　村　大　成

　本書『熊本県高森町　教育 DX の軌跡』が，多くの教育関係者の皆さまのお力添えにより発刊できますことを心より御礼申し上げます。

　21世紀は，新しい知識・情報・技術が政治・経済・文化をはじめ社会のあらゆる領域での活動の基盤として飛躍的に重要性を増す，いわゆる「知識基盤社会」の時代と言われています。競争と技術革新が絶え間なく起こる知識基盤社会においては，幅広い知識と柔軟な思考力に基づく新しい知や価値を創造する能力が求められるようになります。

　世界は，グローバル化や情報通信技術の進展に伴い，人・モノ・金・情報やさまざまな文化・価値観が国境を超えて流動化するなど，変化が激しく先行きが不透明な社会に移行しています。

　平成23（2011）年，私が町長に就任した当時，IT と ICT という言葉が混在する状況下にあり，国や世界の流れの中で教育や福祉の現場において ICT を活用することが喫緊の課題であると感じておりました。また，高齢化や人口減少が進む中で人材育成が叫ばれる中，教育の情報化は，子ども達が21世紀の世界において生きていくための基礎となる力を形成するために大きな意義を有していると述べています。

　そこで，私は「町づくりは人づくり，人づくりは町づくり」を念頭に置き，「高森町新教育プラン」を推進することを町の施策に位置付け，情報化を基盤とする町づくりを推進することを決意しました。

　平成24年度，町の施策として全家庭への光回線の整備や主産業である農業の ICT 化など，情報通信基盤の整備に力を入れました。同時に学校現場の情報化を進めるために，電子黒板や実物投影機，タブレット端末やデジタル教科書などの整備を段階的に進め，平成29年度には1人１台のタブレット端末整備が完了し，デジタル教科書を全教科整備しました。そのことによって，学校では遠隔教育やプログラミング教育等の実践研究が進められました。

　令和２（2020）年２月，新型コロナウイルス感染拡大に伴う全国一斉臨時休校措置がとられた際にも，本町では，いち早く全児童生徒の家庭に Wi-Fi 環境を整備し，今まで積み上げてきた遠隔教育のノウハウを生かして全国に先駆け，オンライン授業を展開するに至っております。

　最後に，学校・教育委員会・行政が三位一体となり，スピード感をもって教育改革を推進してきた本町の12年間の軌跡をまとめた本書が，多くの自治体や教育関係者の参考となり，ひいては全国の学校において教育 DX がさらに推進されますことをご祈念申し上げ，発刊にあたっての挨拶といたします。

発刊にあたって

熊本県高森町教育長　古　庄　泰　則

　本町の教育ビジョンである「高森町新教育プラン」は，平成24（2012）年3月に高森町前教育長の佐藤増夫先生により策定されました。その当時，私は高森中学校に勤務しており，高森町教育研究会の会長を仰せつかっていました。そこで，「高森町新教育プラン」の策定を機に教育研究会の会則を見直し，目的を「高森町新教育プランの推進を図り，町内各学校の教育水準の向上を目指す」とし，学校現場における教育改革がスタートしました。

　「教育に関しては，学校の先生を"信頼"し，"任せ"，"徹底的に支える"」とおっしゃっていただいている草村町長の施策，ICT教育の先進地視察の実施や高森町研究発表会への全員参加など教育の情報化に理解をいただいた町議会の支援により，一気に町内全ての学校，全ての教室に電子黒板と実物投影機が導入されました。続いて，企業との連携による「産学官による普通教室におけるICT活用実証研究協力校」，熊本県教育委員会による「ICTを活用した『未来の学校』創造プロジェクト推進事業研究推進校」として，電子黒板やタブレットPC，実物投影機などのICT活用による，確かな学力の育成を目指しました。当時，熊本県教育委員会におられた山本朋弘先生（現・中村学園大学教授）や企業の方々を講師に高森町教職員全員研修会を実施したり，放課後に数人で集まってICTの効果的な活用について話し合う先生方の姿を見かけたりしたことを懐かしく思い出します。

　以来10年以上の長きにわたり，有識者の指導・支援のもと国や県の研究指定を受けたり，企業と連携したりしながらプログラミング教育や遠隔教育，端末の持ち帰り等に取り組んできましたが，私たちのねらいは，一貫して次代を担う児童生徒の資質・能力の育成にあります。急激な変化を見せる社会情勢の中，子ども達が身に付けなければならない21世紀を生き抜く力（資質・能力）の育成を図る授業改善への取組であります。その授業改善の取組は，現在「自立した学習者の育成」を研究テーマに，各学校の特色や実態に即した実践研究へと深化しています。高森町の教師は，これからも児童生徒の確かな成長を検証軸に一丸となって学び続けていきます。

　本書は，町内の教職員の12年間にわたる教育実践を収集し，各有識者の先生方から価値付けをいただきました実践事例集です。1人でも多くの先生方に手にとっていただき，ICTの活用による授業改善に向けた実践の参考としていただくことを祈念し，発刊の挨拶とします。

発刊にあたって

熊本県高森町前教育長　佐　藤　増　夫

　この度，本町の教育 DX を推進するにあたって長きにわたりご指導いただいています有識者の皆さまや高森町立学校にて教育実践を積まれた教師の皆さま方のご尽力により，本書を発刊できますことに感謝申し上げます。

　さて，本町では，コロナ禍の令和3（2021）年5月に「こどもの日」にちなんだ「天皇・皇后両陛下のオンライン行幸啓」を賜り，両陛下から「ICT が非常に有効に活用され，可能性が広がってきているように見える」というお言葉をいただきました。このことは，町を挙げて取り組むこれまでの教育改革の成果であります。

　思い起こせば，教育長として平成24（2012）3月に策定しました「高森町新教育プラン」が高森町の教育改革の始まりであり，高森町の教育 DX への軌跡であります。現在，第4次プランに進んでいますが，高森町の教育戦略は一貫して①教育は人なり，②確かなビジョン，③ビジョンの共有であります。この12年の軌跡は，当初の「風を読み，風に乗る高森の教育」から，「風を興す高森の教育」へと進化し，全国的に注目されることとなりました。

　これら高森の教育改革を動かす原動力が，ローカル・オプティマム（その地域にとって最適な教育の創造）とナショナルスタンダード（全国的な基準）のバランスであります。わが国における地方分権・規制改革の波がローカル・オプティマムとして高森の風となっています。現在，進展するデジタル社会における地方創生としての教育の位置付けが問われています。高森町新教育プランは，現代社会が直面する人口減少社会と情報化・国際化に焦点を当ててスタートしました。この間，4次にわたるプラン改定によって教育 DX としての高森の教育に集約されてきました。

　教育 DX 推進の要件は，①組織体制（教育 CIO 制度，教育研究会の活性化，首長の施策に乗る，議会の支援等），②国や県との連携（文部科学省の ICT 教育・遠隔教育等の実証事業，県教育委員会からの支援等），③大学との連携（有識者からの指導助言，アドバイザー契約等），④企業との連携（情報活用教育・プログラミング教育等の支援，タブレット図書館の導入等）であります。今後，デジタル社会における地方創生として教育 DX を推進するには，今まで以上に大学や企業との連携が必要不可欠となってきています。今回の発刊は，高森町におけるこの組織と連携の中からの発案であります。

　本書が熊本県高森町の教育改革12年の足跡記録とともに，これからの教育 DX 推進に寄与する資料として広く活用されることを祈念し，発刊の挨拶と致します。

発刊にあたって

東京工業大学　名誉教授　清　水　康　敬

1．高森町の戦略

　急速な情報化やグローバル化の進展によって，家庭での生活でコンピュータやスマートフォンを日常的に活用するとともに，さらに AI や IoT，ビッグデータなどの新たな技術によって，人間生活に質的な変化がもたらされています。将来の変化を予測することが困難な時代を前に，子ども達が社会の変化に対して主体的に向き合って関わり，自らの可能性を最大限に発揮できるように成長していくことが重要です。そのような状況下において，高森町はいち早く教育の情報化の推進に取り組んできました。そのため，全国の自治体の中でも先進地域として注目されるようになりました。高森町と関わって 8 年が過ぎようとしています。

　確かな学力と豊かな心を身に付けた子ども達をどのように育成していけばよいのか。その問いを解決するために，高森町は高森町新教育プランを策定して，その推進に取り組んできています。学校と教育委員会，町長部局が連携しながら，高森町の思いや願いを軸にして，スピード感をもって実践しています。それらの取組の礎となるのが，高森町の戦略である「ローカル・オプティマム」という考え方です。ローカル・オプティマムとは，それぞれの地域が選択する地域ごとの最適状態のことです。教育現場においては，地域性を考慮することがとても重要であり，地域の特性を学校教育に反映させて，「私達の学校」，「私達の町」に合った教育を進めることが必要となります。

　高森町では，「コミュニティ・スクールを基盤とした小中一貫教育・ふるさと教育」を視点とした重点施策を計画し，それらを組織的に実現させようとしています。その重点施策を支える教育環境の整備として重要な柱となる ICT 環境では，授業力向上の視点はもちろん，児童生徒 1 人 1 台端末環境は早期の段階に実現させ，遠隔教育を推進する環境に加えて，校務支援システムや教務支援システムの導入や有効活用などを展開しています。

　さらに，高森町は，平成24（2012）年度から「高森町教育研究会」の活性化をスタートさせ，教職員の資質を高める取組を進めていて，教員研修にも力を入れています。このような組織レベルでの取組は，教員の ICT 活用指導力を向上させる上でも極めて重要です。長年にわたる成果は，教育の情報化を推進するリーダー的な存在の教員を多く育成して，県教育委員会や他の自治体の管理職として輩出していることが挙げられます。

２．１人１台端末の先駆け

　文部科学省（2021）が打ち出した「GIGA スクール構想」によって，公立小中学校の児童生徒１人１台の情報端末と高速大容量の通信ネットワークが一体的に整備されました。そして，それらを有効活用して，多様な子ども達を誰１人取り残すことのない公正に個別最適化された学びや創造性を育む学びにも寄与することをねらいとしています。児童生徒が１人１台の情報端末をどのように活用するか，新たな時代と言われる Society 5.0時代を生き抜く上で，その活用の在り方を考えていくことは極めて重要です。しかし，全国の多くの学校では，情報端末が「特別な存在」で，普段の学習ツールとなっていないケースも見られます。

　高森町では，情報端末は従来の鉛筆等と並ぶ「必須の文房具（アイテム）」となっています。高森町では，いち早く１人１台端末の環境が整備され，児童生徒が遠慮なくいつでも使えるようになっています。例えば，高森中学校では，１限目の数学で，問題をそれぞれのペースで情報端末を活用して解いていく。２限目の体育では，情報端末でお互いの技を撮影しあい，その動画を見ながら振り返る。３限目の理科では，生徒自らが判断して，実験や演技を撮影し始めていました。このように，高森町の子ども達は ICT をツールとして積極的に活用して，自律的な学びを進めることができるようになってきています。

３．学校と家庭・地域がつながる

　１人１台の情報端末を授業で活用するだけでなく，情報端末を家庭へ持ち帰り，家庭学習に生かすことが期待されています。家庭に１人１台の情報端末を持ち帰り，個別学習支援システム等を用いて，個々に応じた宿題や家庭学習を実現することが可能となります。また，クラウド上で児童生徒が情報を共有して，協働的な学習を展開することが可能となります。

　高森町の ICT 教育の特徴の１つとして，学校が家庭や地域とつながって子どもの学びを支えていることが挙げられます。高森町では，いち早く家庭への端末持ち帰りをスタートさせ，その成果を検証してきています。チャットや Web 会議システムを用いて，家庭から子ども達が教師に質問したり，子ども同士が話し合ったりするなど，教室での学びが家庭にもつながった学びに進化しています。さらには，コロナ禍での一斉休校中にも，家庭と学校をつないだオンライン学習を先行して取り組んでいました。これらの地域や家庭との連携を支えるのは，地域全体でカリキュラム・マネジメントに継続的に取り組んでいることが大きく影響していると言えます。高森町では，社会に開かれた教育課程，教科等横断的な学びや異学年での学び合いなど，学習の基盤となる資質能力を育成するためのカリキュラムが展開されているのです。

　これまで述べてきた内容の詳細は，本書の各章において，具体的な事例として紹介されています。全国の多くの学校や自治体が，高森町の取組を参考にして，創造性を育む教育の実現を目指して取り組んでいくことを期待しております。

発刊にあたって

東京学芸大学教職大学院　教授　堀　田　龍　也

1．高森町との出会い

　私は熊本県天草市の出身です。熊本県教育委員会が進める教育の情報化の委員等を何度か拝命してきました。熊本県内でICT活用の黎明期から積極的に推進していた高森町には，熊本県内出身の私は当初より注目していました。

　近年，高森町の取組は県内の他自治体と水をあけていったように見えていました。九州地区の学校の情報化の中核的人材である山本朋弘先生が県教委在職中から長くアドバイスを続けていらっしゃり，国の教育の情報化のリーダーである清水康敬先生や，同じく九州地区で学校現場の御指導に邁進なさっている新地辰朗先生が何度も訪問されていらっしゃいました。高森町では，文部科学省や総務省などの研究指定をいくつも引き受けられていた関係もあり，文部科学省初等中等教育局で教育の情報化を推進されてきた髙谷浩樹課長（当時）ほか，さまざまな要職の方々も訪問されていました。これだけの方々が長い間関わり続ける魅力が高森町の取組にはありました。同時に，それだけ高森町の町長，役場，教育委員会，学校，教師の皆さんが，努力を積み重ねてこられたということでもあります。

　私が高森町に関わったのは，上記のような皆さまがしっかり基礎を作られた後の平成31（2019）年1月でした。光栄にも佐藤増夫教育長（当時）に御案内いただき，高森中央小学校を訪問しました。ちょうど，その年度の公開研究会の直後でした。決して交通の便が良いとは言えないこの町の公開研究会に400名もの参観者があったという話を聞き驚きました。訪問した高森中央小学校では，実物投影機の活用や指導者用デジタル教科書の活用が日常的に根付いている様子をいくつもの教室で目にしました。児童が情報端末を活用している様子も参観し，ICTの基本的な操作スキルが身に付いていることに感心しました。ベテラン教師によるプログラミング教育の授業には感動さえ感じました。高森東義務教育学校との外国語の遠隔授業も，ALTのICT活用指導力に驚くと同時に，子ども達があまりに普通に授業に参加している様子に胸を打たれました。高森町のICT活用教育への息の長い取組のすばらしさを強く感じました。

　思えばこの時期は，GIGAスクール構想の「前夜」とも言える時期でした。私はその後，GIGAスクール構想の企画段階から実行をお手伝いし，中央教育審議会の委員として実践推進に深く関わっていくことになりますが，私の頭の中にあったGIGAの原風景は，高森町で見たこのときの子ども達の姿でした。おそらくこのことは他の有識者の方々にとっても同様だったのではないかと思います。そういう意味では，高森町での実践によってGIGAスクール構想という国策が具体的になったとも言えるでしょう。

２．高森町へ関わって感じること

　先にお伝えしたように高森町に関わっている有識者の中では新参者の私ですが，その後はかなり深く関わらせていただきました。令和元（2019）年10月の高森町「新たな学び」研究発表会では，たくさんの優れた授業を参観させてもらいました。同年12月にGIGAスクール構想はマスコミに公表されますが，公開研のこの時期はいわば「仕込み」の時期であり，関わっている私も詳細を語ることはできず，しかし１月の参観で見た高森町の実践の安定感を再確認したいと思っての訪問となりました。再確認は確信に変わりました。

　この日痛感したのは，高森町の学校でのICT活用の成功の要因です。「たかもり学習」という授業過程での授業づくりの工夫はもちろんです。児童生徒に身に付いた情報活用能力の高さも驚くべき高さでした。そしてその情報活用能力は，１人１台の情報端末を持たせるようになってこの時点ですでに７年が経過しているという歴史と，その間，授業では情報端末を活用する学習場面を日常的に用意することや，情報端末を持ち帰って学習の続きを行うような家庭学習の取組が定着していたことによって身に付いていることが確認できました。また，高森中央小学校と高森中学校，高森東学園義務教育学校の３校が必要に応じて遠隔授業を実施するなどして連携し，それを高森町教育委員会が町の教育としてしっかりリードしていることなど，ガバナンスの安定が背景にあると感じました。さらには，草村大成町長をはじめとする高森町役場の方々が，教員と連携してしっかりとサポートなさっていることや，町の未来を支える子ども達のために国の事業への協力や民間企業との連携を惜しまず進めていらっしゃることも感じました。これらは全て，学校教育の情報化が安定的に推進されるための要因としてGIGAスクール構想後２〜３年が経過してようやく広く社会に認知されるようになってきましたが，高森町ではGIGAスクール構想前にすでに実現していたことにあらためて驚かされます。

　その後，コロナ禍が激しくなりました。学校が臨時休業になり，家庭にいることを余儀なくされた児童生徒に対して，全国的にはいわゆる「オンライン授業」が期待されましたが，これが進まないことが話題となりました。全国にほんの少しだけ見られた成功事例の中には，もちろん高森町での取組がありました。すでに１人１台の情報端末を活用してクラウドベースで学ぶことは定着していたため，ハードルは低かったのだと思います。教員が教えるために活用していた実物投影機を，教員用端末の外付けカメラとして接続し，子ども達がいない教室からオンライン上の子ども達に教員が授業をしていました。すばらしい実践でした。

　中央教育審議会は令和３年１月に「令和の日本型学校教育」に関する答申を取りまとめました。この答申では，GIGAスクール構想を踏まえて「個別最適な学び」「協働的な学び」をいかに実現するかについて語られています。まさに高森町での実践が，国の政策になった瞬間です。それからも高森町での取組は全国の自治体の理想のモデルとして注目を集め続けています。本書も多くの自治体の今後の取組に影響を与えることと思います。

発刊にあたって

宮崎大学　理事・副学長 新　地　辰　朗

世界に向けた "学び" の創発

　11年前，高森町で目にしたのは，先生方，学校，教育委員会がしっかりと呼吸を合わせた教育実践への意気込みであり，電子黒板やデジタル教科書など最新テクノロジーの積極的な整備でした。直前に参画した文部科学省の教育情報化総合支援モデル事業等で成功要因として確信していた，個々の学習者そして教師集団を支える体制や環境が高森町に構築されつつあると感じたことを思い出します。そこの中心に立っておられたのが佐藤増夫前教育長であり，財政確保や人材育成をはじめとする多方面にわたる行政手腕に加えて，"社会の風にのるぞ！" と，町全体を鼓舞するメッセージが全ての関係者に行き届いていたことが，10年を超える継続的な発展につながったと振り返ります。今日の高森町には，新しい "学び" の姿や教育経営の在り方を見ることができ，全国に風を興す存在となっているように思います。

　高森町の躍進は全国に知られるところですが，日本教育工学協会の学校情報化認定事業では，全国初の学校情報化先進校として，平成27（2015）年の高森中学校に続き平成28年に高森東小学校，そして平成29年には高森中央小学校が表彰されました。同一町内の全ての学校が先進校として評価されることは稀有であり，平成28年には全国初の情報化認定先進地域としても認定されています。私は学校情報化認定委員会の委員として，高森町の取組について先生方からお話をお聞きする機会に恵まれましたが，特色として注目されたのは，

- ・重点施策「コミュニティ・スクールを基盤とした小中一貫教育・ふるさと教育」に機能させる教育の情報化の推進
- ・課題解決型学習のモデル「たかもり学習」による "確かな学力" の育成と "豊かな心の醸成"
- ・小学校英語科の導入，小中９カ年を通しての "高森ふるさと学"
- ・学校規模に生じる教育環境格差を解消する遠隔学習

などでした。当時は，総務省から平成26年度に総務省地域情報化大賞奨励賞，そして平成28年度に情報通信月間表彰を受けるなど，情報化を基盤とした "人づくり" "町づくり"，そして "学校と家庭・地域の連携" が，教育界にとどまることなく，社会全体から評価されていたことが分かります。これらの成果をもたらした代表的な要因として，先生方による実践

研究体制が挙げられます。学校CIO補佐官と情報教育担当を兼務した各校の研究主任が，教育上の目的を目指す適切なICT活用について，校内はもちろん，町全体でのdiscussionをリードし，実働的な体制と闊達に協議する雰囲気を醸成されていました。研究主任や先生方の動きを側面から支えていたのが，校長（学校CIO）と教育長（教育CIO）と審議委員（教育CIO補佐官）の連携でした。高森町の今日の成果をもたらした大きな理由は教育経営・組織運営にあり，それを支える草村大成町長，町議会，そして保護者，住民の方々の理解にあるように思えます。

　現行の学習指導要領が実施段階となり，またGIGAスクール構想により全国一律にICT環境が整備され始めた頃が，高森町約10年間の後半期にあたると思います。そこで大きな飛躍を感じさせたのが，児童・生徒の教室での立ち位置です。今日全国の学校に求められつつも容易に進まない，教師主導で一方向に伝えようとする授業からの脱却を，高森町では授業改善・実践研究を継続してきた結果として自然と実現できていました。例えば，リーダー役の学習者が，授業開始時に他の児童・生徒の意見を集約しながら前時の学習を振り返ったり，中盤で学習の進捗の発表や比較を求めたり，学びに関わる意思決定が学習者主導で進められる様子が多くの教室で見られるようになりました。固定されることなく交代で全員が経験するリーダー役は教室内の多様な考え方や学び方を俯瞰することで，内容理解はもちろん学びに向かう方法も体得してゆくものと思われます。リーダー役以外の子ども達にとっては，遊びや部活といった日頃の付き合いから一線を画したリーダー役の目線から，本時への姿勢や学びへの進捗を問われながら，次の段階への見通しや学びの修正を繰り返すことになります。児童生徒に委ねつつも，補足したり，軌道修正につながるアドバイスをしたりしながら，全体と個々をねらいの達成に導く教師の姿勢や力量には，日々の研鑽を感じさせられます。側面からの教師のアドバイスに，いちいち停止することなく，アドバイスを吸収しながら自分の学習を発展させる児童・生徒の姿は，型に沿ったものではなく，教室内の全ての学習者間そして教師との相互作用により創発されたものであり，創造的で自立性の高い学びが実現している証しのように思えます。

発刊にあたって

内閣官房　内閣審議官　髙　谷　浩　樹

　私は平成30（2018）年の８月，文部科学省で情報教育・外国語教育課長として情報教育を担当することとなりました。着任時に優先すべきとして言い渡された業務は，その２年後からの新しい学習指導要領における情報教育と外国語教育の全国への周知と定着を図るというものでした。当時は小学校へのプログラミング教育導入や外国語教育の前倒しなど，全国の教育委員会や先生方には戸惑いも広がっており，いかに皆さんに必要性を理解してもらった上で，具体的な授業のノウハウを身に付けてもらうかは確かに重要で大変な業務でした。一方で，学校でパソコンなどICTを駆使する「教育の情報化」は全国何校かで実証を続ける段階にとどまっており，それまでの実証事業に他校への広がりもほとんど見られないとも聞き，振り返れば私も当初は学習指導要領の業務を優先せざるをえないと思っていました。

　そんな中，教育の情報化の実証事業を行っている高森町を初めて訪れたのは着任翌年の平成31年１月，実証事業の成果報告会に招いていただいたときでした。

　前日入りするための熊本空港からの道のりは，まだ平成28年熊本地震の爪痕も残る中でしたが，高森町での雄大な阿蘇の大自然と休暇村の温泉は，東京の喧騒で押しつぶされそうな私の日々の生活を解放してくれるものでした。

　翌日，成果報告会に先立ち，実際の授業を拝見するため高森中央小学校，高森中学校を訪問しました。

　その様子を初めて見た際の衝撃は今も忘れられません。子ども達が授業でパソコンを何の苦もなく当たり前に使っているのです。都心部でパソコンが得意だと特別に選抜された子ども達でもありません。自然に恵まれた環境の中で普通に生活する町の子ども達が，端末を時にはノートとして，時には教材として自在に操っているのです。

　遠隔授業もありました。高森中央小学校の子ども達は，高森東義務教育学校の子ども達と，画面越しにもかかわらず，まるでいつも一緒のクラスメートが隣にいるかのようなやりとりをしていました。

　普通の学校生活の中に見事にICTが同居していました。子ども達の目の輝きも素晴らしく，まさに主体的に学ぶ姿がそこにあったのです。

　確信しました。これこそが教育の情報化がもたらす理想の姿だと。

令和に元号が変わってこの年の8月，文部科学省は政府予算の概算要求で初めて全国規模の教育の情報化に向け，GIGAスクールネットワークという校内LAN整備の予算を計上することになります。地道に実証が続けられてきた教育の情報化が，全国一斉の「GIGAスクール構想」に変わった瞬間です。このGIGAスクール構想立ち上げの起爆剤は，間違いなく私の頭の中にあった高森町の子ども達の姿でした。

　10月に再度高森町訪問の機会がありました。このときはすでに政府全体でGIGAスクール構想の具体が検討されており，私の業務もGIGAスクール構想の立ち上げ一色となっていました。再訪し，再び子ども達がICTをフル活用した学びの姿に触れることは，個人的にもGIGAスクール構想の目指す1人1台端末や高速大容量ネットワーク，クラウド利活用による学びの姿がどのようなものかのイメージを明確に形作るものとなりました。

　そのGIGAスクール構想は，翌年1月の令和元年度補正予算で，校内ネットワーク整備のみならず1人1台端末整備に向けた前例のない国家プロジェクトとして始まることとなります。

　ほどなくコロナ禍に入り，私は再訪する機会のないまま令和2（2020）年7月に担当課長職を離れることとなりました。

　その後もコロナ禍での天皇皇后両陛下のオンライン行幸啓の様子などを通じ，高森町が相変わらずのICT普段使いで，全国のGIGAスクール構想を先導している様子を心強く見守っています。

　高森町の教育DXは，何より町長や教育長の先見の明と素晴らしいリーダーシップのもと，教育委員会や学校関係者の皆さまが，錚々たる有識者の先生方とともに歩みを進めてきた結果です。そして代々ICTを使いこなしてきた町の子ども達全員の活躍がなければ，高森町だけでなく日本の教育DXがなかったと言っても過言ではありません。この場をお借りして関係者全員に改めて敬意を表したいと思います。

　今回の『熊本県高森町　教育DXの軌跡』の発刊を大変喜ばしく思います。この軌跡はもはや高森町だけのものではありません。その後のGIGAスクール構想，そしていまや世界の先頭を走る日本の教育DXへとつながるものです。本書は，日本の教育の歴史の一角を成す大変貴重な資料として，是非多くの方の手元に渡ってほしいと思います。

目次

第3章　子どもの課題解決を支える「たかもり学習」

第4章　子どもの創造性を高める高森町の学び

※執筆者の所属は令和6（2024）年4月1日時点，［　］内は高森町での所属

第 1 章

高森町教育の源流

（1）高森町教育の特徴

1．高森町の状況

　熊本県高森町は県の最東端，宮崎県及び大分県に隣接する九州の中央部に位置する人口約6000人の小規模な町です。令和5 (2023) 年5月1日現在，本町には小学校1校（高森中央小学校），中学校1校（高森中学校），義務教育学校1校（高森東学園義務教育学校），及び県立高森高等学校が設置されています。市

街地にある高森中央小学校と高森中学校を「高森中央学園」とし，山東部にある高森東学園義務教育学校を「高森東学園」としてコミュニティ・スクールに指定しています。

　「高森中央学園」は，カリキュラムを中心とした施設分離型小中一貫教育に取り組んでおり，現在，施設一体型義務教育学校として開校する計画が進んでいます。「高森東学園」は，熊本県で最初の義務教育学校として平成29（2017）年4月に開校し，義務教育9年間を「4・3・2」のブロック制とし，義務教育学校ならではの特色ある教育活動を展開しています（詳細は後述）。

　まず，少子化等による本町の学校の変遷をたどると，高森東学園義務教育学校校区（野尻・草部地区）では，昭和62(1987) 年4月に野尻，河原，草部北部の3中学校が統合し，高森東中学校が開校しました。また，平成7 (1995) 年4月には野尻，河原，草部北部の3小学校が統合し，高森東小学校が開校しました。平成17年4月には草部南部小学校と草部中学校が，それぞれ東小学校，東中学校に統合されました。さらに，平成29年4月1日，学校教育法の改正を受け東小学校と東中学校を統合する形で，熊本県で最初の義務教育学校である高森東学園義務教育学校が開校しました。

　高森中学校校区（高森・色見地区）では，平成15（2003）年4月に高森，色見，上色見の3小学校が統合し，高森中央小学校が開校しました。高森中学校においても，昭和51（1976）年には343名の生徒数でしたが，平成21（2009）年5月には151名まで減少しました。

　このような状況を鑑み，教育委員会では平成24年3月に「高森町新教育プラン」を策定し，教育改革に着手しました（詳細は後述）。

　また，県立高森高等学校においても，昭和46（1971）年には15学級（定員675名）でしたが，生徒数の減少により学級減が続き，平成17（2005）年には6学級（定員240名）となり

ました。その後も，定員に満たない状況が続き，熊本県教育委員会の「県立高等学校再編整備等基本計画」に基づく「分校化又は統廃合」の対象となる可能性がありました。そのため，本町では，南郷地域に根ざした県立高等学校として熊本県教育委員会と連携し，県立高森高等学校の魅力化に取り組んできました。令和5（2023）年学科改編により，「普通科グローカル探究コース」と公立高校では全国初となる「マンガ学科」が開設され，大幅に入学者の増加が見られました。特に「マンガ学科」においては，定員を超える県内外からの入学希望者がありました。本町は（株）コアミックスと連携し，町営学生寮「たかもり時空和ベース」の整備や作画機材の購入を行うなど全面的に支援しています。

2．高森町の教育改革の特徴

本町の教育改革の特徴は，最大の教育課題である人口減少社会や価値観が多様化する社会を見据え，「高森町新教育プラン」という明確なビジョンがあることです。本年度4期目を迎えた草村大成町長は，「町づくりは人づくり，人づくりは町づくり」ということで，教育に非常に力を入れていただいています。情報化を基盤とする町づくりの中に教育を位置付け，教育の情報化と教育環境の整備に力を入れていただき，学校や教育委員会だけではなく，町長部局と町議会，そして地域住民ぐるみで「町をあげて」取り組んでいる点が，現在の高森町を築き上げています。

令和3（2021）年5月12日には，オンライン行幸啓という形で，本町の新教育プランに基づく取り組みを天皇皇后両陛下に紹介しました。また，高森中央小学校の児童が代表で，町長，教育長とともに天皇皇

令和3（2021）年5月30日付　熊本日日新聞朝刊より

后両陛下との交流を行いました。天皇皇后からは「ICT が非常に有効に活用され，可能性が広がってきているように見える」というお言葉をいただきました。

3．教育の情報化を推進するための組織・体制

　「高森町新教育プラン」を推進してく上で大切なのが組織・体制です。本町は，継続的に熊本県教育委員会及び大学教授等の外部有識者からの指導・助言を受けながら研究を進めています。また，教育委員会は，町長及び議員との連携を密にし，行政・学校・地域が一体となって教育の情報化を推進する体制を作り上げています。

　また，本町では，平成26（2014）年度から学校の ICT 化を推進するリーダーとして CIO 制度を導入し，小・中・委員会が連携を図りながら，町の教育情報化を推進しています。CIO の組織は，教育長が教育 CIO となり，その補佐官として審議員が位置付けられています。学校現場では，各校の校長が学校 CIO となり，その補佐官として情報教育担当が位置付けられています。教育委員会が事務局として CIO 補佐官会議の企画・運営を行い，定期的に町全体の教育の情報化に関する会議を開いています。

　また，本町では，平成24年度から継続して高森町研究発表会を開催してきました。その研究発表会開催に向けて，高森町教育研究会会長が所属する学校が事務局として運営委員会の企画・運営を行い，定期的に会議を開いて準備を進めています。

教育DXを推進するための組織・体制
※平成２６年度から学校のICT化を推進するリーダーとしてCIO制度を導入

4．国・県・企業と連携した教育情報化の推進

　教育の情報化を推進していく上で，本町では，国・県・企業と積極的に連携を図ってきました。国については，平成27（2015）年度からの６年間実証事業を受けてきました。中心は遠隔教育です。国の事業を積極的に受けて，これから新しい時代になるであろう部分に挑戦してきました。同様に，県とも連携して教育情報化を進めてきました。

　また，企業との連携が今の高森町を大きく動かしています。平成24（2012）年度の DIS（ダイワボウ情報システム）と連携したスクールイノベーションプロジェクトにおいて，本町の教育の情報化の土台ができました。各学校に40台ずつタブレット端末を無償で導入してい

ただき，１学級内での１人１台端末の活用研究が始まりました。平成29年度には，小・中・高校の連携を軸に，高森町・熊本県教育委員会・インテルによる連携協定を締結し，プログラミング教育を中心に町全体の情報教育の推進を図り，新たな学力観への対応や21世紀型スキルの育成を目指しました。

国・県・企業と連携した教育の情報化推進

	国	県	企業
H24			DIS（ダイワボウ情報システム） スクール・イノベーション・プロジェクト
H25		県教育委員会 ICTを活用した『未来の学校』 創造プロジェクト推進事業	
H26			
H27	文部科学省 人口減少社会におけるICTの活用による 教育の質の維持向上に係る実証事業		
H28			
H29		町・県教育委員会・インテル連携協定 新たな学力観への対応　21世紀型スキルの育成　小・中・高校の連携	
H30	総務省 地域におけるIoT実 装に関する事業		
	文部科学省 遠隔教育システム 導入実証研究事業		
R1			町・コアミックス連携協定 エンタメ業界と連携した町づくり くまもと国際マンガCAMP　マンガアカデミー
R2	文部科学省 遠隔教育システムの効果的な活用に関する実 証研究事業		町・町教委・熊日新聞社連携協定 タブレット図書館（電子書籍や記事を小中学生 向けに提供）
R3		県教育委員会 くまもとGIGAスクールプロジェクトモデ ル地域	
		町・県教育委員会・高森高校・コアミックス連携協定 エンタメ業界と連携した町づくり　県立高森高校の魅力向上（マンガ学科設置）	
R4			町・町教委・熊本朝日放送連携協定 授業連携　コンテンツ活用

執筆者　高森町教育委員会事務局　石　井　佑　介

（2）新教育プランの変遷

1．はじめに

　国の教育の方向性について「風を読み」，地方創生の「風に乗り」，町行政と教育委員会・学校及び地域が一体となって「風を興す」。本町の教育DX推進の取組は，現在，県立高校で初となる「マンガ学科」創設の動きにつながっています。町づくりの一環としてエンタメ業界との連携協定が結ばれ，そのことから地元の県立高校を通して夢を与えようという流れへとつながり，4者協定が結ばれました。4者が連携して着々と準備を進め，令和5（2023）年4月に「マンガ学科」がスタートしました。

2．高森町新教育プラン

　本町の教育改革の特徴は，最大の教育課題である人口減少社会や価値観が多様化する社会を見据え，「高森町新教育プラン（以下「新教育プラン」と記述）」という明確なビジョンがあることです。加えて，学校や教育委員会だけではなく，町長部局と町議会，そして地域住民ぐるみの「町をあげて」取り組んでいくことが，教育DXを推進するうえで大変重要であると考えます。

　「新教育プラン」は，平成23（2011）年7月に教育長就任以後，強いリーダーシップを発揮して一連の施策を推進された佐藤増夫前教育長のもと，平成24年3月に策定（令和5年4月第4次改訂）されました。本町の教育は，この「新教育プラン」に基づいて展開されています。国際化，情報化，少子化等の課題を見据え，「高森に誇りを持ち，夢を抱き，元気の出る教育」をスローガンに掲げ，「コミュニティ・スクールを基盤とした小中一貫教育・ふるさと教育」を重点施策とし，次の4点をねらいとしています。

　　①高森の子ども達に「確かな学力」と「豊かな心」を醸成する。

　　②高森の地域力を生かした「地域とともにある学校づくり」を推進する。

　　③高森町行政と連携した「教育環境の整備」を推進する。

　　④高森町教職員の資質を高める「高森町教育研究会の活性化」を図る。

　このねらいを達成するために，教育委員会では①「教育は人なり」，②「確かな教育ビジョン」，③「ビジョンの共有」という3つの戦略を立て，町長の政策に乗り，議会の支援を受けて「新教育プラン」の具現化に取り組んできました。「新教育プラン」は，その施策の実現や委託事業等の完了に伴い螺旋的，重層的に改訂を重ね，現在に至っています。

3．高森町新教育プラン（教育改革）12年の歩み

（1）平成24（2012）年3月「高森町新教育プラン（第1次）」策定

①平成24年度

＜研究指定＞

・文部科学省委託「コミュニティ・スクールの導入促進に関する調査研究」（〜H26）

＜企業との連携＞

・DIS（ダイワボウ情報システム）「スクール・イノベーション・プロジェクト」（〜H26）

＜主な教育改革・取組等＞

・「私たちの高森町」（小学校社会科副読本）作成

・小中兼務辞令による小中一貫教育導入

・町費負担教職員の配置（高森東小学校複式学級の解消）

・特別支援教育相談員，教育指導員配置

＜教育環境の整備＞

・電子黒板，実物投影機導入（〜H28）　　・タブレット端末導入（〜H30）

・デジタル教科書導入　　　　　　　　　・校務支援システム，教務支援システム導入

②平成25年度

＜研究指定＞

・熊本県教育委員会指定「ICTを活用した『未来の学校』創造プロジェクト推進事業」研究推進校（全小中学校〜H27）

・文部科学省教育課程特例校「高森ふるさと学」及び「わくわくイングリッシュ（小学校低学年からの英語教育）」の創設（〜H27）

＜主な教育改革・取組等＞

・「高森の心」（道徳教育用郷土資料）の作成

・町費負担教職員の配置（高森中央小学校・高森中学校35人学級導入）

・道徳教育用郷土資料「高森の心」作成（〜H26）

・第1回高森町研究発表会開催（1月16日）

＜教育環境の整備＞

・学校CMS（コンテンツ管理システム：県教育委員会提供）の導入

③平成26年度

＜研究指定＞

・コミュニティ・スクール指定（高森東学園・高森中央学園学校運営協議会の設置）

＜主な教育改革・取組等＞

・CIO制度の導入　　　　　　　　　　　・ICT支援員の配置

・第 2 回高森町研究発表会開催（12月5日）

（2）平成27（2015）年4月「高森町新教育プラン（第2次）」策定

①平成27年度

＜研究指定＞

・文部科学省委託「首長部局との協働による新たな学校モデル構築事業」（〜H29）

・文部科学省委託「人口減少社会における ICT の活用による教育の質の維持向上に係る実証事業」（〜H29）

・文部科学省委託「外国語教育強化地域拠点事業」（〜H29）

・文部科学省指定「英語教育研究開発学校」（全小中学校・高校〜H29）

＜主な教育改革・取組等＞

・第 1 回熊本県高森町新教育プラン推進フォーラム開催

・第 3 回高森町研究発表会開催（11月6日）

②平成28年度　※熊本地震発生（4月14日・16日）研究発表会を熊本市パレアで実施

＜主な教育改革・取組等＞

・第 2 回熊本県高森町新教育プラン推進フォーラム開催

・第 4 回高森町研究発表会（ICT 活用セミナー）開催（12月26日）

③平成29年度　※高森東学園義務教育学校開校

＜企業との連携＞

・高森町，県教育委員会，インテル連携協定（21世紀型スキルの育成，小・中・高の連携）

＜主な教育改革・取組等＞

・文部科学省委託「英語教育強化地域拠点事業」研究発表会開催（県立高森高校を含む）

・「阿蘇郡市教育委員会連絡協議会指定」研究発表会開催（高森東学園義務教育学校）

・「ICT を活用した遠隔合同授業実践ガイド」作成

・第 3 回熊本県高森町教育フォーラム（名称変更）開催

・第 5 回高森町研究発表会開催（12月1日）

④平成30年度

＜研究指定＞

・総務省指定「地域における IoT 実装に関する事業」

・文部科学省委託「学校運営協議会の設置拡充に向けた調査研究事業」

・文部科学省教育課程特例校「小中9か年の英語教育の体系化」（H30〜）

・文部科学省委託「学校 ICT 環境整備促進実証研究事業」（〜R1）

＜主な教育改革・取組等＞

・第 6 回高森町研究発表会開催（1月11日）

（3）平成31（2019）年4月「高森町新教育プラン（第3次）」策定

①平成31年度（令和元年度）

＜企業との連携＞

・高森町，㈱コアミックス連携協定（エンタメ業界と連携した町づくり）

＜主な教育改革・取組等＞

・「私たちの高森町」（小学校社会科副読本）の改訂（H31〜）

・熊本県高森町情報活用親子セミナー開催

・第7回高森町研究発表会開催（10月25日）

②令和2年度　※新型コロナウイルス感染拡大に伴う臨時休校（R3.2月末〜5月上旬）

＜研究指定＞

・文部科学省委託「遠隔教育システムの効果的な活用に関する実証研究事業」

＜企業との連携＞

・高森町，教育委員会，熊本日日新聞社連携協定（タブレット図書館）

＜主な教育改革・取組等＞

・学校教育におけるタブレット図書館の運用開始

・第8回高森町研究発表会開催（11月27日）

③令和3年度　※天皇皇后両陛下オンライン行幸啓（5月12日）

＜研究指定＞

・熊本県教育委員会指定「くまもと GIGA スクールプロジェクトモデル地域」

＜企業との連携＞

・高森町，県教育委員会，高森高校，㈱コアミックス連携協定（県立高森高校の魅力向上）

＜主な教育改革・取組等＞

・タブレット端末一斉更新（Chromebook™）

・第9回高森町研究発表会（オンライン）開催（10月23日）

④令和4年度

＜企業との連携＞

・高森町，教育委員会，熊本朝日放送連携協定（授業連携，コンテンツ活用）

＜主な教育改革・取組等＞

・校務用端末の更新（指導者用タブレット端末としても活用可能となる）

・住民向けタブレット図書館運用に係る実証研究開始

・第10回高森町研究発表会開催（10月21日）

執筆者　高森町教育委員会事務局　石　井　佑　介

（3）主な教育施策と推進体制

1．はじめに

　これまで，文部科学省による教育課程特例校や研究開発学校として，国や県のさまざまな委託事業や研究指定等を受けて「新教育プラン」を推進してきました。特徴的な取組として，コミュニティ・スクールへの取組，英語教育を中心とした小中一貫教育の取組，高森ふるさと学を中心としたふるさと教育への取組，そして，教育の情報化（教育DX）への取組等が挙げられます。これらの取組は全国的にも注目を集め，コロナ禍を除き，毎年海外を含め，全国各地の学校や教育委員会，議会から多くの視察を受けています。また，本町の取組を全国に発信する場として，平成25（2013）年度から毎年「熊本県高森町『新たな学び』研究発表会」を開催し，全国各地から多くの参加者があります。

2．コミュニティ・スクール

　教育委員会では，コミュニティ・スクールを「新教育プラン」の根幹となる重点施策と位置づけており，高森中学校区と高森東中学校区（現在の東学園義務教育学校区）が同時に文部科学省のコミュニティ・スクールに関する調査研究事業の委託（平成24年度から26年度）を受け，平成26（2014）年4月1日，両校区同時に学校運営協議会を設置（コミュニティ・スクールに指定）しました。その後も「地域とともにある学校づくり」を加速させるため，文部科学省の委託事業「首長部局等との協働による新たな学校モデル構築事業」を受け，次いで，「学校運営協議会の設置拡充に向けた調査研究事業」に取り組んできました。令和元（2019）年度からは，「地域と学校の連携・協働体制構築事業」を受けて，さらなる充実を図っています。

3．小中一貫教育

　小中一貫教育は，中1ギャップや不登校，いじめ等の今日的教育課題の解決に向けた有効な教育施策として，以前から多くの学校において様々な形態や内容で取り組まれてきました。「新教育プラン」においては，文部科学省の教育課程特例校制度や熊本県教育委員会による小中兼務発令を活用し，小学校における英語教育や町独自の「高森ふるさと学」を創設して小中一貫教育を推進してきました。

　改正学校教育法が成立し，平成28（2016）年度から「義務教育学校」が新しい学校の種類として位置付けられ，「小中一貫教育」が法的に整備されました。本町では，平成29年4月に施設一体型の高森東学園義務教育学校を開校し，小中一貫教育のさらなる充実を図っています。現在，「高森中央学園」（高森中央小学校と高森中学校）構想により，「高森中央学園義務教育学校(仮称)」の開校に向け準備を進めています。

4．ふるさと教育

　ふるさと教育の中心となるのが，「高森ふるさと学」です。小中一貫したカリキュラムの下で展開され，職場体験や農業体験など豊かな体験を通してふるさと高森の自然や文化を学ぶ。その学びの中で，子ども達は本町の課題に向きあい，未来の「ふるさと高森」の在り方を模索していきます。そして，集大成として中学校３年生（９年生）が「子ども議会」に臨みます。

　また，子ども達に「豊かな心」を育み，子ども達自身が自らの生き方の土台を形作るための要となる道徳教育においても，平成25（2013）年度から２年をかけて，道徳教育用郷土資料「高森の心」を編纂しました。「高森の心」は小学校版３分冊（低・中・高学年用）と中学校版の計４分冊で総計42編の教材が収録されており，授業で活用するとともに，町内全戸にも配布しました。全ての教師が日常的に取り組めるよう，授業の進め方のモデルやデジタル教材もあわせて開発し，地域の読み聞かせグループの協力を得て子どもの心に響く朗読教材も準備しています。

5．英語教育

　英語教育に関しては，平成25（2013）年度から，文部科学省教育課程特例校として，小学校低学年からの英語教育「わくわくイングリッシュ」を創設しました。さらに，平成27年度からの３年間は文部科学省研究開発学校として，県立高森高等学校を含めた町内全ての学校で「外国語教育強化拠点地域」事業に取り組み，研究成果を発表しました。その成果を踏まえ，幼・保，小，中，高における英語教育の充実を図ることを通して，国際社会をたくましく生き抜く本町の人材を育成することを目的とし，「高森町英語教育推進委員会」を設置しました。令和２（2020）年度からの３年間は，小学校５年生以上の希望者を対象に町が全額負担して，外国人講師とWeb会議でつなぐオンライン英会話に取り組んできました。さらに，令和５年度からは，JAAC日米学術センターと連携し，オンライン英語プログラム「CLIL」を教育課程に位置付けて実施しています。公立学校では全国初となる本プログラムでは，「英語を学ぶ」のではなく「英語で学ぶ」ことを目的としています。ネイティブのオンライン講師から指示を受けたグループのリーダーが中心となって，Town Hall スタイル（グループ学習）で学習者主体の学びが展開されます。

6．社会教育

　人は生涯にわたる学習により，自己を高め，その学びを社会に生かすことで，より豊かな人生を送ることができるといわれています。全ての町民が豊かな人生を送るためには，あらゆる機会に，あらゆる場所で学習することができ，その成果を発揮できる町づくりが求められます。社会教育（社会体育を含む）は，その生涯学習の理念を実現するための重要な教育の１つです。

　昭和24（1949）年に制定された現行の社会教育法では，第２条に「社会教育」は「学校教育法に基づき，学校の教育課程として行われる教育活動を除き，主として青少年及び成人に対

して行われる組織的な教育活動（体育及びレクリエーションの活動を含む）」と定義され，その目的は，「国民一人一人の教育的要求を満足させ，個人の幸福と，社会の発展を図ること」とされています。

　本町においては，「高森町教育大綱」にて基本的方針及び具体的な取組を示しています。以下は，その抜粋です。

（2）「たかもり型・人材育成」の推進

　本町では，漫画出版社とのエンターテインメント業界と連携したまちづくり連携協定に基づき，マンガが人や社会を創出するために必要な様々な取組を進める中で，国内のプロ漫画家，世界各国のマンガクリエーターとの交流や096k（オクロック）熊本歌劇団との関わりを実現しました。引き続き，町営学生寮「たかもり時空和ベース」の運営など，多様な価値観に基づく国際化・情報化等を見据えた人材の育成を図ります。

○令和5年4月に公立高校では全国初設置となった高森高校マンガ学科や普通科から改編されたグローカル探究コースとの連携充実を推進します。

○新奨学金制度の設置により，大学や専門学校に進学等を希望する学生を支援し，将来の高森町を担う人材の育成を推進します。

○進学等で高森町外から高森町へ移り住み，夢に向かってチャレンジする中高生の受け入れ態勢について官民連携で取組を強化します。

（4）「たかもり型・スポーツ，文化活動」の更なる充実

　町民一人一人が自己実現を目指し，生涯にわたって学ぶことにより，生きがいと豊かな心を持てるよう，高森ならではの学習機会の提供や環境の整備を行うとともに，学びの成果を地域に活かすことができる環境を整えます。

○総合型地域スポーツクラブと連携し，高齢者や障がい者を含めた町民の全世代総スポーツ環境の充実を図ります。

○タブレット図書館の町民展開を通じ，高森ならではの学習機会の提供や学習環境の整備を推進します。

　情報通信基盤の整備という強みを生かした独自の取組として，令和元（2019）年度に，株式会社熊本日日新聞社と包括連携協定を結び，高森町立学校の子ども達向けタブレット図書館の実証事業を開始しました。この実証事業では，すでに子ども達1人1台の環境にあったタブレット端末を使用しました。電子図書約300冊，熊本日日新聞の記事を用いた学習コンテンツを自由読書のみならず，授業や家庭学習でも活用しています。令和5年7月から，小学生以上の全町民にタブレット図書館のアカウント，パスワードを発行し，インターネット環境さえあれば，いつでもどこでも利用できる「高森町タブレット図書館」の運用が開始されました。

　また，地域の公民館など51カ所にタブレット端末を設置し，地域住民が通いの場，集いの場で利用できるよう整備しています。

執筆者　高森町教育委員会事務局　石　井　佑　介

（4）ICT 教育の変遷

1．はじめに

　本町では，平成23（2011）年から町長の政策として全家庭への光回線の整備や主産業である農業の ICT 化など，情報通信基盤の整備がスピード感をもって行われました。各学校の ICT 環境は，「高森町新教育プラン」のねらいの③高森町行政と連携した「教育環境の整備」に基づき，平成24年度から段階的に，町内全ての学校を一斉に整備してきました。まず，各教室等（普通教室・特別教室・体育館）に電子黒板と実物投影機を配備し，各教科デジタル教科書（学習者用デジタル教科書も含む）を導入しました。校務支援システムや教務支援システムにより校務の情報化も進めるとともに，各教室等に無線 LAN 環境を整備し Web 会議システムや教師・子ども達 1 人 1 台のタブレット端末の導入も全国に先駆け完了しました。これら ICT 環境の整備・充実は，町当局，議会の理解と財政的な支援のもと行ってきました。

◆H24から段階的に導入
◆教師の活用→児童生徒の主体的活用へ

●電子黒板、実物投影機常設（全教室）
●デジタル教科書完備

●タブレット端末（1人1台）
●校務、学習支援ソフト
●無線LAN整備

●クラウド活用（個人ID）
●全家庭Wi-Fi環境整備

●遠隔・オンライン教育
●プログラミング教育

　段階的な導入が進められていく中で，ICT 活用の主体や目的が少しずつ変わっていきました。まず，教師の活用から児童生徒主体の活用へと変わっていき，学校での活用のみだったタブレット端末を家庭でも活用するようになりました。そして，クラウド活用によって個の活用のみならず，協働学習でも活用するようになっていきました。

2．ICT教育の変遷

　このような環境整備を受けて教育委員会では，企業と連携しながら有識者の継続的な指導の下，全ての教師で組織する「高森町教育研究会」を中心として授業改善に取り組んできました。平成24（2012）年度からの「教育の情報化」に関する研究において，学校での学びにおけるICT機器の効果的な活用について研究してきました。その研究の過程で，１単位時間における教師の指導モデルとして生み出されたのが「課題解決型学習モデル」であり，今日に至るまで共通実践が図られてきた学習モデルです。この学習モデルが確立されたことにより，町内全ての教師が共通認識のもと授業改善を図ることができ，一定の成果が見られました。また，全国に先駆け，平成29年度からは１人１台の環境にあるタブレット端末を持ち帰り，令和２（2020）年度からはクラウドを活用した授業と家庭学習を効果的に結びつける取組も行ってきました。令和５年度からは，文部科学省の「リーディングDXスクール事業」を受託し，次の５点の研究推進に取り組んでいます。

　①　「個別最適な学び」と「協働的な学び」の一体的な充実
　②　動画教材の活用，外部専門家によるオンライン授業
　③　端末の日常的な持ち帰りによる家庭学習の充実
　④　校務の徹底的な効率化や対話的・協働的な職員会議・教員研修
　⑤　実践内容を動画・写真，研修のオンライン公開などにより地域内外に普及する

　遠隔教育に関しては，平成27（2015）年度から平成29年度までの３年間，文部科学省から「人口減少社会におけるICTの活用による教育の質の維持向上に係る実証事業」の委託を受け，Web会議システム等を活用した遠隔合同授業による協働的な学びの充実に取り組んできました。その後の３年間も，引き続き文部科学省の委託事業を受け，遠隔教育に取り組んできました。

　令和２（2020）年２月，新型コロナウイルス感染症対策の一環として全国一斉臨時休校措置がとられました。本町では，いち早く全ての子ども達の家庭にWi-Fi環境を整備し，今まで積み上げてきた遠隔教育のノウハウを生かして全国に先駆け，オンライン授業を展開しました。この取組は，マスコミや文部科学省において先進事例として全国に紹介されました。このオンライン授業のノウハウやスキルは，その後も不登校や別室登校，長期療養中の子ども達へのオンライン授業にも生かされています。

　これらの取組の成果として，本町の子ども達は，実用英語技能検定や全国学力・学習状況調査をはじめとする各種調査において，全国平均を上回る良好な結果を安定的に残しています。

執筆者　高森町教育委員会事務局　石　井　佑　介

ひめゆりの花咲くごとく

熊本大学大学院教育学研究科（教職大学院）教職実践開発専攻
シニア教授 古 田 　亮

『熊本県高森町　教育DXの軌跡』の発行，誠におめでとうございます。

　私は，平成25（2013）年度から本年度までの11年間のうち1年間を高森町立高森東中学校の校長として，残りの10年間は熊本県教育委員会の一員として本町の取組に関わらせていただきました。冒頭にあたって，これまでの先進的な取組の基盤づくりにご尽力いただいた草村町長をはじめ町当局の皆さま，佐藤前教育長のリーダーシップの下，各学校に明確な方向性を示し，国や県の施策にもご協力いただいた町教育委員会の皆さま，試行錯誤を重ねつつ実践発表等を通して成果や課題を審らかに提供していただいた小中学校・義務教育学校の校長先生をはじめ先生方，また，永年にわたりご指導をいただいた大学関係者や企業等の皆さま，そして，学びの主役である高森町の子ども達，地域や保護者の皆さま方に心から敬意と感謝を申し上げます。

　私が，校長として高森町に着任したのは平成25年。3月末，阿蘇五岳から吹く春風に舞う高森峠の桜吹雪の中を，かすかな高揚感と緊張感を胸に「ひめゆりの香りゆたかな（校歌抜粋）」高森東中学校へ向かいました。「高揚感」は，新任校長としての意気込みでしたが，それ以上に前年度，町教育委員会が示された「高森町新教育プラン」を具体化し，子ども達にどのような力を付け得るか，校長として何ができるのかという「緊張感」のほうが大きかったように思います。平成24年3月に策定された本プランには，「高森に誇りを持ち，夢を抱き，元気の出る教育」の下に4つの方向性が示されていましたが，特筆すべきは3番目に「高森町行政と連携した『教育環境の整備』を推進する」と記され，具体的に（1）ICT環境の整備，（2）町費負担教職員の配置（3）教育相談・子育て支援の充実の3つが掲げられていたことです。ご存じの通り，平成26年に「地方教育行政の組織及び運営に関する法律」が改正されました。ポイントの1つは，教育の政治的中立性等の確保は引き続き重要とした上で，首長と教育委員が教育施策等について協議する総合教育会議の開催や，教育に関する大綱（総合的な計画等）を首長が策定することなどを定め，首長が教育行政と連帯して責任を果たし，迅速な危機管理を行えるよう体制を整備するものでした。その法律施行前に高森町は，教育委員会が目指す教育のビジョンと町長が掲げられる施策が具体的なレベルで深く連携し，計画的に進められてきたこと。その体制が加速度的な「教育DXの推進」につながったことが高く評価されます。

私が勤務していた平成25年当時も，町の研究発表会には多くの参加がありましたが，町の教職員で組織された「DIS スクールイノベーションプロジェクト」では「児童生徒の思考力・表現力の育成を図る学習指導の工夫・改善」をテーマに掲げつつ，学校では電子黒板や PC をどのように使うか，どの場面で使うべきか，あえて使わないほうがいいのか（アナログとデジタルの融合）など，悩み深き状況がありました。私も，校長として教科等の本質を踏まえた教材研究を含むこれまでの授業改善の知見と，ツールとしての ICT の融合がどうあるべきか，適切な助言ができず先生方とともに学ぶ日々でした。

　あれから10年，令和5（2023）年10月に高森中央小学校で開催された文部科学省委託「リーディング DX スクール事業」指定校としての公開授業会に参加させていただきました。「自立した学習者の育成」を研究テーマに子ども達を中心に据えた授業デザインや，家庭学習との連動などの実践が発表されました。授業では「令和の日本型学校教育の構築を目指して」（令和3年1月：中央教育審議会答申）において示された「個別最適な学び」と「協働的な学び」の一体的推進や，子ども達が ICT を活用しながら自ら学習を調整しながら学んでいく様子が見られました。当日，オンラインも含めて県内外から多くの参加があったこと，東京のテレビ局の取材があったことは，異動等で先生方が入れ替わっても町全体で試行錯誤を繰り返し，課題を積み上げつつ蓄積を活かし，最先端の実践に練り上げてこられた証しだと思います。また，研究の過程に自信をもって主体的に取り組んでおられる校長先生方，先生方の姿に感銘を受けました。まさに，高森町の実践は，県教育委員会が令和元年12月にお示しした「熊本の学び推進プラン」の“熊本のすべての子ども達が「学ぶ意味」を問いながら，「能動的に学び続ける力」を身に付ける”という理念を具現化するものであり，次期プランの「具体的実践の宝庫」でもあります。11年前の自分自身の姿と重ねると隔世の感がありました。

　また，県教育委員会では，今後の県立高校の在り方の検討に際して，令和6年度までを「県立高校の魅力化」に注力する期間と位置付けてさまざまな施策を展開しています。その中で，高森高校の，公立では全国初のマンガ学科設置は，本県施策の旗印ともなるものになりました。設置にあたっては，令和元年10月㈱コアミックスと本町が，エンターテインメント業界と連携したまちづくりに関する連携協定を締結されたことが大きな契機となったものであり，マンガ学科生徒向けの町営寮の整備やプロ仕様のペンタブレットの寄贈，高森高校魅力化推進基金を造成されるなど，マンガ学科設置は高森町の支援がなければ成立していないものです。令和5年1月には県及び県教育委員会と「10ギガ光通信網を活用した地方創生に関する連携協定」が締結され，連携事項の1つには高森高校の教育活動も含まれています。町や町教育委員会が

蒔かれた「教育DX」の種は，全国初の新しい学科設置というイノベーションを興したと言えます。県教育委員会としても，魅力化における地元市町村との連携の好事例をご提供いただいたことに感謝しています。

　さて，冒頭に述べた「校長として何ができるのか」という問いに対する答えについてです。まず，平成25（2013）年4月当初，課題を把握した上で優先順位が高く，できれば今後の学校の基盤となる持続可能な行動目標はなにかを，夏までに明らかにしたいと考えました。約半年間，先生方の課題意識や，保護者の方々や地域の方々の願いや状況，これまでの統廃合の歴史や，小学校との接続上の課題など学校を取り巻く状況を調べました。その上で新教育プランの重点施策に挙げられていた「コミュニティ・スクールを基盤とした小・中一貫教育」をさらに進める必要があると考えました。具体的には「中学校から小学校への乗り入れ授業の実施」に取り組み，最終的に目指す姿を「小中9年間の学年セクトを3つに分けた高森東学園（ひめゆり学園）構想」と設定しました。「高森東中学校の足腰を強くする」という目標を掲げて教育長にご相談し，先生方に提案しました。そして，1年目の取組として野中教頭先生（当時）と相談をしながら，高森東小学校の大津校長先生（当時）のご理解や先生方の賛同を得て，秋に初めて小中合同で高森東小中学校校区の文化祭として「第1回　ひめゆり文化祭」を開催することができました。当日はPTAの皆さま方，区長会の皆さま方のご協力も得て，地域の皆さまのコレクションや制作されたものなども展示させていただき，オープニングには県警音楽隊にも花を添えていただきました。文化祭のフィナーレで小学生，中学生全員がステージにそろった姿を見たとき，今後の小中連携の可能性を確信しました。その後，平成29（2017）年4月，町教育委員会のご支援と歴代の校長先生方及び小中学校の先生方のご尽力で，熊本県初の義務教育学校として「高森東学園」が開校したことはご存じの通りです。この施策もまた，ICTの整備が前提であり，町長と教育長のビジョンに基づく「教育DX」の種が花開いたものです。

　DXとは，「デジタル技術（IT）の浸透が，人々の生活をあらゆる場面でより良い方向に変化させること」（スウェーデンのウメオ大学のエリック・ストルターマン教授）と聞きました。蒔かれたICT環境整備の種が，オンライン英語プログラム「CLIL」の実施や，タブレット図書館などさまざまな分野で芽を出し，いろいろな場所や領域で，広く花開くように変革が実現していく。教育分野の変革モデルが「高森町の教育DXの軌跡」であると思います。

　これからの高森町の教育は，「教育DX」の恩恵を受けた子ども達によって新たなステージへと進むことでしょう。そして，これまでに蒔かれた「教育DX」の種は，いつの時代でも，ひめゆりの花のごとく気高く，凛とした花を美しく咲かせることでしょう。

第 2 章

教育 DX への情熱とビジョン

（1）町長の情熱とビジョン

草村大成町長インタビュー

　平成23（2011）年に高森町長に就任し，学校教育のICT化を支援し，全国の先進モデルに押し上げてきた草村大成町長に，これまでの道のりや思いについて聞きました。

（聞き手　熊本日日新聞社元高森支局長・藤山裕作）

― 平成23年，高森町長に立候補するにあたってマニフェスト（政権公約）にICTの活用を掲げました。どんな背景があったのでしょうか。

　ICTという言葉自体が一般的ではなく，ITとICTの違いすら分からないころでした。ただ，国や世界の流れの中で，教育や福祉でICTを活用することが喫緊の課題だと考えました。まずは教育だと思いました。そもそも，高森町が乗り遅れてきた情報通信基盤の整備を進めるにあたって，教育施策でのICT活用が重要だと考えました。

―「次世代の人材づくり」に必要だと考えたわけですね。

　高齢化や人口減少が進む中，人材育成が叫ばれてきました。ただ，実態は，まどっころしいルールの中で金太郎あめを作るように感じる施策ばかりと感じていました。劇的に変えていく手段であり，21世紀型こそがICT教育だと思いました。タブレットなどさまざまなデバイスを使う中で，大人にはない可能性が広がります。人材育成は可能性の拡大だと思います。そのためのICTでした。ただ，進めるにしても課題すらわからない状態。やりながら課題を見つけて修正していく作業でした。

― 施策を進めていくにあたって，佐藤増夫前教育長（以下佐藤先生）の存在と平成24年から続く高森町新教育プランが欠かせなかったと考えます。エンジンがあってもタイヤが無ければ動かないということですね。

　その通りです。佐藤先生の存在が一番大きく，一緒に練り上げました。教育現場でパソコンなど情報活用に取り組んできた佐藤先生から，就任当時に「ICT活用は日本の教育の先取りになる」と言っていただいたのが大きかった。そして具現化できたのは，高森町新教育プランがあったからです。佐藤先生が示したプランは，学びの質，幅，深さ，密度にICTを活用していくことに重点を置き，教育の本質にぶれがないもの。無限の可能性を感じました。

― 当時の様子を高森支局長として取材する中で，強い推進力が伝わってきました。町長が「道路よりもまずは教育」と力説していたのを鮮明に記憶しています。

分からないことだらけでした。でも，怖いもの知らずだったからこそ前に進むことができたのではないでしょうか。当初は，新たな道路づくりの予算を止めてでも教育に配分しようと考えていました。教育は重要な道路と同じようなインフラと位置付けています。まず，手始めに電子黒板を導入する際には，小中学校の全教室への一斉導入を決めました。

— ただ，大きな予算を伴うだけに理解を得るのは大変だったと思います。
　学校の先生も子どもも，町民も「これが足りなかったからできなかった」と，後々に言い訳できないような環境を作ることを目指しました。だから全部やるんだと。それが政治家の仕事だと思います。前例のないことを進めていくことに対して，周囲から否定的な意見や抵抗もありました。でも，「現状に満足していては，次世代とか人づくりを進めていくのは難しい」というのが私の見解でした。天皇皇后両陛下のオンライン行幸啓の際に「まだ日本でICT教育があまり知られていない中で，町で進めるのは大変だったのでは？」との内容のご質問をいただきましたが，「大変でしたが，学校の先生の理解を得ることに努力しました」とお伝えしました。黒板が電子版に変わろうが，パソコンがタブレットに変わろうが，教育の原点は変わらないと。ツールが変わるだけだということを理解してもらってきました。

— 今よりはるかに高価だったタブレット端末を児童生徒用に導入する際など苦労もありました。
　当時，町は財政的に厳しい状況でした。町の予算で導入したくてもできる状態になかったです。平成25（2013）年にIT関連の企業の協賛でタブレット端末120台の無償貸与を受けて授業の実証研究に乗り出しました。全国の32校に名乗りを上げました。当初はもっと少ない台数の貸与予定でしたが，企業側と交渉して増やしてもらいました。この時期にスタートできたことが，後につながりました。実証研究でしっかり結果を出したからこそ，タブレット配備の必要性を確認し，いち早く児童生徒1人1台導入を実現できました。文部科学省の「人口減少社会におけるICT活用による教育の質の維持向上に係る実証事業」の委託を受けるなど先進モデル地域として認められる道筋をつけたのも，このスタートがあったからこそ。遅れていたら今の高森の形はなかったかもしれません。無償貸与を受けたのは，財政難の中でもスピード感を持ってやるための苦肉の策ではありましたが。本当に外部の方々の協力に感謝しています。

— ICT教育の手応えをどう感じていますか。
　「子どもが主体性を持って取り組むように変わった」。これが大きな違いです。子ども達の中からリーダーが生まれて，先生と一緒に授業を考えるように変わったと思います。「1＋1＝2」「漢字の書き順はこうだ」とういう風な授業ではありません。それぞれの子どもが主体性をもってチャレンジしているのです。勉強だけでなく，ほかの場面でも生きています。そんな効果を実

感したのは2年後でしょうか。子ども議会はその証しで，1回目より2回目は素晴らしくなっていました。今ではデータ集めなどさらに高度化しており，ほかの市町村よりレベルが高いと思います。中学を卒業し，それぞれ進学した高校で，子ども達は高森でいかに充実した環境で学んできたかを実感し，自信につながっていると思います。タイピングにもこだわりましたが，その手法も未来につながるもので，教育委員会と学校現場が導いてきました。もう就職する出身者もいますが，私達の何倍もの能力です。同時にリテラシーもしっかり身に付けています。

― 都市部との情報格差の解消も目的に掲げていました。特に児童生徒数の少ない高森東地域では大きな成果につながったと感じています。
　子ども達は自信を持ったんです。同級生も少ない田舎で生まれても，ICTを使うことで人数が多い都市部と全く変わらない教育を受けることができると分かった。堂々とふるさとを誇ることができるようになったのではないでしょうか。それは生き抜く力につながります。その環境は大人が準備して上げる必要があります。やったことがないことをやる時には大人が本気にならなくてはならない。高森高校のマンガ学科創設，総合型地域スポーツクラブ「高SPO」の取組も同じです。

― 数字で満足度を表すとどう表現しますか。
　施策的には75％というところでしょうか。高森町新教育プランも「第4次プラン」まで継続してきました。満足度100％はありませんが，かなりの部分まで学校現場が理解して，子ども達も楽しみながら取り組んできました。高森型教育の継続継承を確立できたら，100％に近づくのではないでしょうか。でも，これは簡単ではない。例えば，私が町長でなくなったり，教育長が変わったりしても，途絶えることがあってはいけないんです。つまり，政治に左右されてはいけない。そうならないような環境を作るのが，残り25％を考える上で最も重要です。

― 全国で注目を浴びる高森町のICT教育ですが，有識者の先生たちの協力も含めてどのようなネットワークを構築して進めてきたのですか。
　まずは熊本県教育委員会とのつながりからです。極めつけは，当時は指導主事だった中村学園大の山本朋弘教授とのつながりです。山本先生が考えている方向性と合致したのが大きかった。山本先生は，情報通信基盤を活用したICT教育，さらにその先を冷静に見ていました。とても理にかなった考えを持っていると感じていました。「県教委はなぜもっと進めないのだろう」と不思議に思っている中で，先生の意見を聞いて高森独自でやらせてもらおうと思い進めてきました。そこに，東京工業大の清水康敬名誉教授，東京学芸大学教職大学院の堀田龍也教授，宮崎大の新地辰朗教授，その道の大御所の先生が人と人のつながりで高森町の教育を見ていただけると思っています。

― 一過性で終わるのではなく，ずっと継続している点にも注目してきました。

　毎年，高森町に足を運んでいただき指導していただいている大学の先生達から次の宿題をもらって，学校と子ども達がクリアするというサイクルを繰り返してきたのが強さではないでしょうか。背伸びしたり，その場だけではなく，自然な毎日の中でクリアしてきたのです。

― ある意味，毎年テストを受けている。その結果が学校にとっての励みになるわけですね。

　高森町のICT教育に対して多くの自治体から視察に訪れますが，その時だけ見ても分からないのではないかと思っています。

― 今後もアクセルを踏んで加速させていくつもりですか。

　もちろんです。アクセルをさらに踏み加速し，時には減速させて検証しながら進めていくつもりです。第4次まで策定している高森町新教育プランですが，第10次，第20次と継続していく土壌がしっかりできたと考えています。また，高森町のICT教育で学んだ子ども達が社会人になって教育や行政の分野でも活躍し始めていますので，すごくワクワクしています。

― 子ども達の成長過程を検証していくのも重要です。

　まさにその通りです。高森町だからこそのデータ収集と検証ができると思います。きちんと専門的な解析を含めてやらなければいけないと考えます。

― 人口減少を食い止める施策としてのICT教育の成果についてはどう感じていますか。

　正直，食い止めるまでに至ってはいない。ですが，子ども達が自分の意見を持つようになり，自信を持っていると感じる。子ども達からは，将来，地元に恩返ししたいとの声が高まっているようです。これからじゃないでしょうか。

― ただ，最先端の教育が認知されることの地域への影響は小さくないと思います。

　小規模の学校であってもできることを証明し，存続につながっている点での効果はあったと考えています。だからといって移住や定住につながっているとは言えません。高森町で子育てしたいと思う若い世代が増えてくるのを期待したい。教育だけでなく福祉の施策が必要です。そのためのステップに移したいと考えています。

（2）議会の支援とビジョン

高森町議会　議長　牛嶋　津世志

　ICT 教育は，地域と学校が一体となって始まった取組です。当時は，PTA 役員として関わっていましたが，これからの時代に必要不可欠なものだと認識していました。地域の子ども達が減っていく中で，いかに地域の特色を打ち出すかを考えた結果の施策だったと思っています。この10年間，すごいスピードで，ICT 教育は進みました。全国から視察が絶えない状況を見ると，「例がないすごいことをやっている」と実感しています。

　議員になってもやはり学校現場への関心が高かったので，子ども達にとってタブレットを使いやすくするにはどうしたら良いかなど考えてきました。タブレットも，初期に導入した端末から切り替える際も，議会としても応援してきました。確かに，最初は議会では「ICT とはなんぞや」という声があったかもしれません。ただ，町の情報通信網の基盤整備が進む中で，子ども達のために活用していくことに反対はありませんでした。「子どもの将来のためなら」「田舎から最先端の人材づくり」。そんな考えが地域に浸透していったと思います。教育にかける予算は惜しむことはなく，予算全体の中でも高い割合を維持しています。

　タブレットは学校だけでなく，自宅に持ち帰って使うようになりました。いち早く取り組んでいたので，コロナ禍で休校した際も学びを止めずにすみました。子ども達は進化が早い。以前は，先生達が主導している感じでしたが，子ども達が主体的に取り組む授業に変わっています。もちろん，先生達の授業レベルもかなり向上していると感じます。

　ICT 教育で育った高森の子ども達は，「田舎だからできない」という負い目を感じることはないと思います。逆に，「高森で育ってよかった」と誇りに感じているのではないでしょうか。積極的に発表する子ども達の姿をみると，ICT 教育が自信につながっていると感じます。

　今後の願いは，高森町の教育を受けた子ども達が故郷で活躍するようになってくれることです。ICT で学んだ世代は，高森にいても世界にはばたく仕事ができると期待しています。豊かな自然な中で暮らしながら，仕事をがんばってほしい。そして，議員として地域を代表する人材になってもらえたらうれしいです。

　日本のトップクラスまでに成長した町の ICT 教育は，時代の流れを読みながら積み重ねてきた結果だと思います。子ども達の学びたいという熱い思いに応えようと，官民一体となって支えてきました。議会としてもこれまでと変わらず応援し続けていきます。

高森町議会　議員　佐 伯 金 也

　高森町の教育は，常に「情報」をキャッチしながら進んできました。だからこそ，ICT 教育もスムーズに受け入れることができたと思っています。

　振り返ってみると，企業誘致を進めても難しかった人口減少にストップをかけるために，独自の教育プランが必要でした。友好都市の長野県高森町では，若い世代の家族が隣町の企業に通っていました。私は子ども達が公営住宅で遊んでいる姿を見て，子育て環境が大切だと感じました。若い人たちが関心を持ってもらえる子育て環境が第一。地域による子育てだけでなく教育環境の充実，すなわち義務教育である小中学校の環境です。そんな背景の中で浮かび上がった ICT 教育。当時は，「この横文字は一体何だ」という感じでした。ただ，インターネットを使って児童生徒数の少ない山東部と中心部のクラスをつなぐことで，児童数や内容などの差をなくすことができると思いました。そのためには，光ファイバーの整備が必要だと考えていましたが課題もありました。草村大成町長がそこに目を付けて整備してくれたのが，高森町が変わっていくステップになりました。将来にわたって町がどう生き残っていくか，光り輝けるのかを考えた結果の情報通信網の整備であって，ICT 教育だったのではないでしょうか。

　議会の使命としては，施策の成果を早く出すための動きやすい環境作りだと思います。以前は議会と執行部は車の両輪にたとえられてきましたが，私の感覚は違います。執行部はエンジンとハンドル，議会はアクセルとブレーキだと考えています。時にはギアを上げて進め，一方ではスピードを落とさせる役目もあります。町の教育に関しては結果としては，その役割をうまく果たしてきたのではないかと思います。ICT 教育を進める上でも，議会は教育委員会や学校現場が目標に向かう姿に助言してきました。児童生徒 1 人 1 台のタブレット端末配備も文部科学省の GIGA スクール構想に先駆けて導入しました。先行することで，子ども達がどう育っていったかのデータの蓄積が生まれます。ICT 教育を受けた子ども達には，すでに社会人になっている者もいます。結果が見え始めていることは，次の戦略につながります。

　ICT 教育を生かして子育てエリアとして整備していかなければなりません。南阿蘇鉄道も JR 肥後大津駅に乗り入れする形で復旧しましたが，高森町に住んで子育てし，台湾積体電路製造（TSMC）が進出した菊陽町や熊本市に通うこともできます。これから先は，子育て，教育を軸にした新たなステージに進んでいくべきです。

　ICT 教育における高森スタイル，ブランドのさらなる確立も重要です。そのためには議会としても地域の課題を持ち出すのではなく，町全体，日本全体を見渡すようになっていかなければなりません。高森町は子ども達の未来に対して町民一体となって進んでいく自治体であり続けます。

（取材：熊本日日新聞社　藤山裕作）

（3）教育CIO（教育長）のビジョン

佐藤増夫・高森町前教育長インタビュー

「風を読む」「風に乗る」「風に興す」。平成24（2012）年に策定した高森町新教育プランを土台に，ICTを活用した学校教育で旋風を巻き起こした佐藤増夫・前教育長。町，町教委，学校が一体となって取り組んだ道のりを振り返ってもらいました。

（聞き手　熊本日日新聞社元高森支局長・藤山裕作）

— ICTを学校教育に取り入れていく背景は。

　初めからICTありきだったわけではありません。草村大成町長と話す中で，まずきちんとした教育プランが必要だと考えました。その中にICTを位置付けました。町長が目指すまちづくりのための情報基盤整備と教育環境の整備の考え方が合致したわけです。

— 新教育プランが重要な土台になっています。

　子ども達に確かな学力を身に付けさせるために，教育を動かすために必要なビジョン。その中で高森町行政と連携した教育環境整備を位置付け，ICT環境の充実を盛り込みました。小中学校の全ての教室に電子黒板を導入する際にも，かなり高額なため「半分でも導入できれば」と考えていましたが，町長が「やるからには全部入れましょう」と予算化しました。行政と一体となった施策であり，議会の承認を得るためにも新教育プランは重要だったと思います。

— 新教育プランには「ローカル・オプティマムとナショナルスタンダードのバランス」がキーワードになっています。

　ローカル・オプティマムは，その地域にとって最も適した教育ということ。ナショナルスタンダードは国の基準。このバランスを取りながら自分達にとって一番良い教育を作っていく考え方です。学校教育にも地方分権や規制緩和の波が押し寄せていて，そこに方向性を見出してどう生かしていくかを突きつめてきたのです。

— 高森町の教育長になって降って湧いたように生み出したプランではないということですね。

　はい。私は熊本県教育委員会義務教育課の指導主事など9年間，教育行政に携わり，現場を指導する立場にいました。その後に平成12（2000）年から3年間，校長として赴任したのが益城町立津森小。そこで策定した「21世紀を拓く津森プラン」が原点です。

— どんなプランだったのでしょうか。

　当時，完全学校週5日制のもとで，子ども達の「生きる力」を育成することを目指す新しい学習指導要領が実施されました。いわゆるゆとり教育です。総合的な学習の時間を使った体験学習が重視される中，なんだかふわふわしていて，子ども達に力が付いているのかは疑問でした。全国的に「活動はあって学習なし」という言葉も出るほどでした。そんな中，津森プランでは「基礎・基本の確実な定着」と，「英会話」「コンピュータの活用」「農園活動」を柱に掲げたのです。

— 高森町新教育プランの「ICT」「英語教育」「ふるさと学」につながっていくのですね。

　高森町職員から「先生，一緒じゃないですか」と言われました。津森小で英会話教育を始める際には，遊びの中で子ども達が楽しむイメージを大切にしました。指導ができる地域住民の協力を得て取り組みましたが，職員会議で「英語をできなくても心配しなくていい。学校の先生だけでしなければならない時代は去った」と話したんです。英会話やコンピュータの活用を進めたのは，これから先の国際化，情報化社会に向かって必ず必要なスキルと考えたから。ただ，どこも取り組んだ事例がなかったので，予算などで教育委員会に相談したら怒られもしました。実現できたのは，やる気のある職員達に恵まれたからです。

— その後，産山村でも教育改革を進めています。

　7年間，村内の小学校の校長を務めました。県内で初めての2学期制を導入し，教育特区を受けて小中一貫教育にも取り組みました。義務教育をどう確保していくかの土台を研究し，英語教育にも力を入れました。

— 小中一貫の高森東学園義務教育学校の開校にもつながったわけですね。

　津森，産山，そして高森町新教育プランとつながります。最終的には人口減少社会の中でどうやっていくのか。確かな教育ビジョンを描いて，首長，議会と共有することが大切です。

— ICTの効果を最も感じたのが，児童生徒数が少ない高森東学園ではないかと思いますが。

　高森東学園の子ども達は，プレゼンテーション力や発言力などを高め，さまざまな場面で能力を発揮しており，大学進学にもつながっています。義務教育は9年間維持できて効果が上がると考えます。ICTを活用すれば学校同士をつないで授業もできます。数が少なくなったからと言って，小学校と中学校を離すのも良くありません。

— 新教育プランは，第４次までバージョンアップしています。キーワードの「風」も表現が変わっています。

　町長の任期に合わせて策定してきました。同じ内容ではいけない一方で，連続性が重要です。国の事業や先を見越した上で，基本路線を守りながら積み上げました。「風を興す」という言葉が加わったのは第３次からです。宮崎大の新地辰朗教授から「高森は，のるだけではなく興している」と指摘していただいたのがきっかけです。

— 新教育プランを学校現場に浸透させるために重要だったのは？

　教育長として現場の職員にああだこうだと直接指示したことはありません。まずは校長。町長が私にまかせていたように，組織を動かすのは校長です。町内の校長会で提案し，校長を通して現場に伝えました。だから，校長を批判しません。「教育は人なり」です。ただ，今後より重要なのは教育DX。これは津森でも産山でもありませんでした。学校現場だけでは難しく，学識経験者のノウハウも必要になります。

— 全国的なICT活用の権威である有識者たちが常にアドバイスしています。

　特に中村学園大の山本朋弘教授とのつながりを大事にしてきました。県教委出身であり，学校現場を経験しています。継続して真摯に対応していただき，町内の小中学校の教員たちがキャリアアップするきっかけを作ってもらっています。東京学芸大学教職大学院の堀田龍也教授は，予定を押さえるのが困難な先生ですが，高森町のために足を運んでいただいています。

— 高森町教委の取り組みの強みは，行政，地域，企業など輪を広げてきたことにあるのではないかと思います。

　当初，企業からのタブレット端末120台の無償貸与を受けたからこそ風にのれました。熊本日日新聞社と包括連携協定を結び，タブレット図書館事業に乗り出したのも大事な連携でした。結局は子ども達のためになります。連携を生かして熊日の現役記者が指導するなど，誰が考えても教育的価値は高い。世の中は日々動いています。どんな視点で教育を考えていくか。可能性を広げるために企業の風も取り込みたいと考えます。

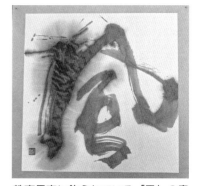

教育長室に飾られている「風」の書

（4）各学校のビジョン

①高森中央小学校の研究の概要

1．研究主題

自立した学習者の育成

～児童を学びの主体に据えた授業デザインの構築～

2．研究主題と重点的に育成を目指す資質・能力について

　町内3校の共通テーマ「自立した学習者の育成」を目指すため，サブテーマ「児童を学びの主体に据えた授業デザインの構築」を設定し，授業改善に取り組んでいます。令和4（2022）年度末の校内研修で，令和4年度の実践の成果と課題を整理し，今年度育成したい資質・能力の洗い出しを行いました（図1）。そこで出された意見を整理し，本校が特

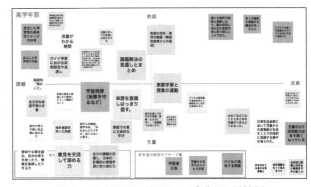

図1　校内研修で使用したデジタル付箋紙

に重点的に育成する資質・能力を設定することで，高森町で育成を目指す3つの資質・能力を，本校の実態に合わせてより具体的にイメージすることにしました（表1）。

高森町で育成を目指す資質・能力	本校で重点的に育成する資質・能力
自ら課題を設定し，解決への過程や方法を決定する力	文章や資料から読み取った情報を整理したり自分の考えを持ったりする力
他者と協働して課題を解決する力	友達と交流しながら自分の考えを深める力
自らの学びの状況を把握し，学びを調整する力	身に付けたことを活用して新たな課題に取り組む力

表1　本校で重点的に育成する資質・能力

3．各教科等で目指す児童の姿について

　本校で育成を目指す3つの資質・能力を十分に高めるために，より具体的に目指す児童の姿

を設定しました（表2）。これらの姿が見られるように，教科等指導や家庭学習において学校が一丸となり実践を積み重ねています。

本校で重点的に育成する資質・能力		
①文章や資料から読み取った情報を整理したり自分の考えを持ったりする力	②友達と交流しながら自分の考えを深める力	③身に付けたことを活用して新たな課題に取り組む力
各教科等で目指す児童の姿		
【ア】ゴールを意識して単元全体を計画する姿 【イ】めあてを自分で設定する姿 【ウ】思考ツールを使って意見を整理する姿 【エ】読書貯金を活用しながら主体的に読書する姿 【オ】辞書や図書資料を活用して主体的に調べる姿	【ア】主体的に課題を解決しようとする姿 【イ】学習ガイド（リーダー）を活用して授業を進行する姿 【ウ】学び方を選択したり自己決定したりする姿 【エ】クラウドベースのデジタルワークシートを活用する姿 【オ】分からないことを議論する姿	【ア】端末を活用して授業と家庭学習を連動する姿 【イ】相手意識を明確にしたプレゼン型の発信活動を行う姿 【ウ】次につながる振り返りを行う姿 【エ】学習履歴を蓄積し，学びに生かす姿 【オ】掲示物を参考にしながら学習を進める姿 【カ】各学力調査結果を生かして学習に取り組む姿

表2　各教科等で目指す児童の姿

令和5（2023）年度に実践した授業の中から，本校の特色が特に表れている実践をいくつか紹介します。

① **文章や資料から読み取った情報を整理したり自分の考えを持ったりする力**

【ア】ゴールを意識して単元全体を計画する姿

　図2は，5年生児童が社会科で作成した，単元をまとめた1枚スライドです。単元ごとに1枚スライドを作成し，「まとめ資料集」を作成しました。このスライドを作成することで，単元全体を見通しながら授業を展開することができました。

　まず，児童は単元の学習問題を設定します。次にそれを解決するための学習計画を立てます。毎時間学習計画に沿って学習した内容を書き溜めていき，単元の終末にはまとめを行い，学習問題に対する自分なりの答えを出します。

図2　児童が作成した単元のまとめスライド

【イ】めあてを自分で設定する姿

　教科の特性や発達段階に合わせて，単元や本時のめあてを自分達で設定する力を育成しています。図3は，

図3　めあてを設定する児童

４年生理科で本時のめあてを設定している様子です。前時の学習から本時で解決したいことを出し合い，共通のめあてを設定しました。個に応じためあてを設定するか，学級共通のめあてを設定するかは，学習内容に合わせて選択しています。

② 友達と交流しながら自分の考えを深める力
【イ】 学習ガイドを活用して授業を進行する姿

図４　学習ガイドの様子

主体的に学ぼうとする児童を育成するために，さまざまな場面で学習ガイド（リーダー）の児童を中心に授業を展開しています。低学年段階では，振り返りやめあての確認を，教師ではなく児童が中心に行うところから始めます。高学年段階では，授業の進行だけでなく，課題を解決するためにどんな活動を行うか，どのぐらい時間をかけるのかといった授業全体のプランを学習ガイドを中心に児童が話し合います。教師は必要に応じてそれをサポートしています。

【ウ】 学び方を選択したり自己決定したりする姿

課題を解決するためのプロセスを教師が決めるのではなく，児童が自分で考える力を育成しています。児童それぞれが設定しためあてに応じて，活動内容や活動時間，学習する相手などを選択決定させることで，児童の生き生きと学ぶ姿にたくさん出会うことができています。図５は４年生の高森ふるさと学（総合的な学習の時間）の一コマです。風鎮祭を盛り上げるために，１時間の中でそれぞれがめあてに向かって違う活動を展開していました。

| グッズ作成 | パンフレット作成 | プログラミングでクイズ作成 | 動画の視聴 | オンラインでインタビュー | 劇の台本作成 |

図５　学び方を選択する児童の様子

【エ】 クラウドベースのデジタルワークシートを活用する姿

図６　算数の授業でデジタルワークシートを活用する１年生

いつでも確認したり共有したりできるというクラウドの特徴を生かし，デジタルワークシートを日常的に活用しています。低学年段階では，デジタル付箋紙で意見の整理をしたり，教師が作成した思考ツールや作業シートを活用したりする実践が多く見られています（図６）。

図7は，6年生児童が社会科で作成したデジタルノートです。紙のノートではなく，デジタルノートを使うことで，資料をノートに載せたりリンクを貼ったりすることが容易になりました。自分以外の他者のデジタルワークシートを参照することができ，友達との交流や情報共有が大変スムーズになりました。

【オ】分からないことを議論する姿

児童の疑問を大切に授業を展開しています。授業での発表は，分かったことを確認するだけの発表で終わらず，分からないことを児童同士で議論させたり，自由に調べさせたりする時間をしっかりと確保できるような展開を目指しています。これまでの授業と異なる点は，児童は他者のデジタルシートを読み，議論したい相手の席へ行き自由に意見交換をしています。さらに，他者と議論した後に自分の学びを振り返ることで見方・考え方がより深まっていることが分かります。

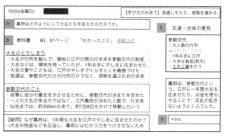

図7　6年生が作成したデジタルノート

図8　議論する児童の様子

③　身に付けたことを活用して新たな課題に取り組む力

【ア】端末を活用して授業と家庭学習を連動する姿

本校では1人1台端末を毎日家庭に持ち帰っています。図9は，5年生が国語で作成したデジタル新聞です。児童はクラウド環境を生かしながら，コメント機能などを活用して，家庭でも協働的に新聞作成を進めていました。また，家庭でもWeb会議システムを使用して，グループで交流しています（図10）。家庭での学びが，次の授業に生かされていきます。

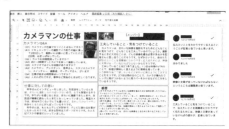

図9　コメント機能の活用

図10　Web会議システムの活用

執筆者　高森町立高森中央小学校　教諭［高森町立高森中央小学校　校長］　山　村　直　子

②高森中学校の研究の概要

1．研究主題

自立した学習者の育成
~確かな学力を育む生徒主体の新たな「たかもり学習」の展開を通して~

2．研究主題について

　メインテーマ「自立した学習者の育成」のもと，本校独自でサブテーマ「確かな学力を育む生徒主体の新たな『たかもり学習』の展開を通して」を設定しました。「生徒主体の新たな『たかもり学習』の展開」を中心に授業改善を行っていくことで，自立した学習者に必要な資質・能力と合わせて，各教科等で育む資質・能力，学びの基盤となる資質・能力の「確かな学力」を育成していくことを目指して研究を進めています。

　令和5（2023）年度からは「たかもり学習」がより生徒主体の学びになるように改訂を行いました。改訂のポイントは，次の3点です。

①生徒自身が，学習課題の設定や学習の見通し（時間配分，課題の解決方法，学習形態等）を選択する点

②「考えよう」と「深めよう」の学習過程について，学習形態ではなく学習活動で区別した点

③授業と家庭学習を連動させる視点を「たかもり学習」の中に盛り込んだ点

　本校では単元デザインの工夫を行いながら，生徒主体の新たな「たかもり学習」を実践するにあたり，さらに，学習履歴の活用の充実を図っていくことで，生徒が自らの学びの状況について把握・調整することができるようにしています。

　単元デザインの工夫を行いながら，生徒主体の新たな「たかもり学習」を実践し，学習履歴の活用を図っていくことで自立した学習者の育成が図られると考えます。

3．研究の仮説

　研究主題のもと，本校では2つの仮説を設定しました。

　仮説1は，「単元デザインの工夫や生徒主体の新たな『たかもり学習』の推進を図っていくことで，『自立した学習者』を育成することができるだろう。」です。仮説2は，「学習履歴（振り返りシート）の活用を図っていくことで，『自立した学習者』を育成することができるだろう」です。仮説1と2のもとに，取組の方向性（視点）を定めました。

仮説の中心となるのは，令和5（2023）年度から実施する「生徒主体の新たなたかもり学習」で，授業構想のために次の4つのポイントで共通実践に取り組んでいます。
①生徒主体でめあて（学習課題）を設定する機会の充実
②生徒主体で学習の見通し（課題の解決方法，時間配分，学習形態等）を立てる場の設定
③授業と連動した家庭での学びの設定
④自らの学びを把握・調整するための学習履歴（振り返りシート）の視点の明確化
　この4つのポイントを意識した授業実践を行うことで，「自立した学習者」に必要な資質・能力を育んでいきたいと考えています。

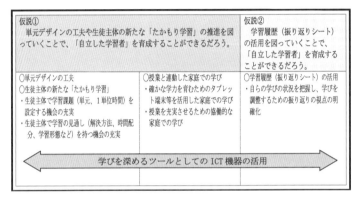

図1　研究の仮説と視点

4．授業実践

仮説1　①生徒主体でめあて（学習課題）を設定する機会の充実

事例1「社会科地理的分野『中部地方』での実践」

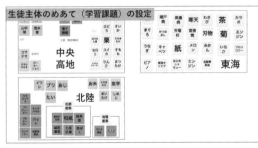

図2　Google Jamboard™

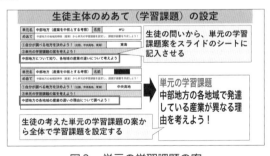

図3　単元の学習課題の案

　生徒主体で単元の学習課題を設定するために，地方ごとにエキスパート班を編成し，中部地方の各地域の特色を Google Jamboard にまとめました。その後，作成されたシートを共有し，3つの地方の特色を比較することで，生徒が発した問いから学習課題の設定を行いました。単元の学習課題の案を Google スライド™ に記入させ，全体で共有することで単元の学習課題を設定していきました。

仮説1 ②生徒主体で学習の見通しを立てる場の設定
事例2 「理科『動物の分類』での実践」

　動物を分類する視点を見いだすために，数種類の動物をどのように分類できるかを考えました。その後，予想をもとにどのようなシンキングツールを活用できるかを考え，分類を行いました。生徒主体で学習の見通し（解決の方法）を持つ場を設定したことで，多様な考えが生まれていきました。

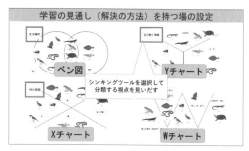

図4　シンキングツールの選択

仮説1 ③授業と連動した家庭での学びの設定
事例3 「保健体育科『バレーボール』での実践」

図5　授業で行った試合の動画

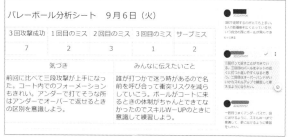

図6　試合の動画を見て記入した分析シート

　授業での運動時間を確保したり，個人の動きの変容やチームの成長を確認したりすることができるように，家庭学習と授業の連動を意識しました。

　タブレットでチームごとの試合を撮影し，クラウド上で共有することで自分達の試合の様子を家庭でも視聴できるようにしました。次に，自分達のチームの動画を視聴しながら，クラウド上の共有シートに自分達の課題や動きを記録していき，その記録を分析し，自分達のチームにどんな練習が必要なのかを検討するようにしました。

仮説2 ④自らの学びを把握・調整するための学習履歴（振り返りシート）の視点の明確化
事例4 「社会科における学習履歴の活用」

　社会科の授業では，生徒主体で設定した単元の学習課題を解決するために，振り返りシートを活用し，自らの学びを把握・調整することができるようにしています。

　この振り返りシートは，単元の学習課題の学習の見通し（最初の段階での予想）について，

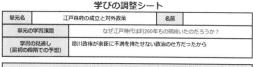

図7　学びの調整シート（振り返りシート）

授業での学習内容を受けて振り返りを記入するようにしています。このような振り返りを行うことで，自分の考えを調整しながら，単元の学習課題の解決に向かったり，自分の学習をどのように進めていけばよいのかについて振り返ったりすることができます。また，この振り返りシートで生徒の学びの変容を把握することで，主体的に学習に取り組む態度の評価にも役立てることができます。

仮説2 ④自らの学びを把握・調整するための学習履歴（振り返りシート）の視点の明確化
事例5「理科における学習履歴の活用」

この単元では，振り返りの視点を次のように設定しました。
①学んだことや考えたこと（学習内容）
②話し合いを通して（他者との関わり）
③これまでの学習とのつながり
④疑問に思ったことやもっと調べたいこと

図8　振り返りシートと振り返りの視点

このように振り返りの視点を明確にすることで，自らの学びの状況を把握することができるようにしました。

前時の振り返りで出た疑問やもっと調べたいこと等から，次の授業の学習課題を生徒主体で設定していきました。教師はコメント機能を活用して，フィードバックを行うことで，次時の課題設定をサポートすることができています。

図9 前時の振り返りから本時の課題設定までの流れ

執筆者　阿蘇市立一の宮小学校　校長 [高森町立高森中学校　校長] 栗　原　邦　広

③高森東学園の研究の概要

1．研究主題

自立した学習者の育成
～小中一貫教育における教室の枠をこえた学びの展開を通して～

2．研究主題について

　町内共通の研究主題「自立した学習者の育成」を受けて，高森東学園では義務教育学校としての強みを生かした教育活動を展開していくためにサブテーマを「小中一貫教育における教室の枠をこえた学びの展開を通して」と設定し，授業改善に取り組んでいます。「教室の枠をこえた学び」とは空間的・時間的制約をこえた学びと定義し，教室の枠をこえた学びの視点を設定しています。ICT活用によるクラウドやオンライン環境によって，教室の中での学びはもちろん，教室の外においても学びを展開し，特にへき地の小規模校である本校が抱えている課題「協働的な学びの保障」に重点を置いた研究を進めています。

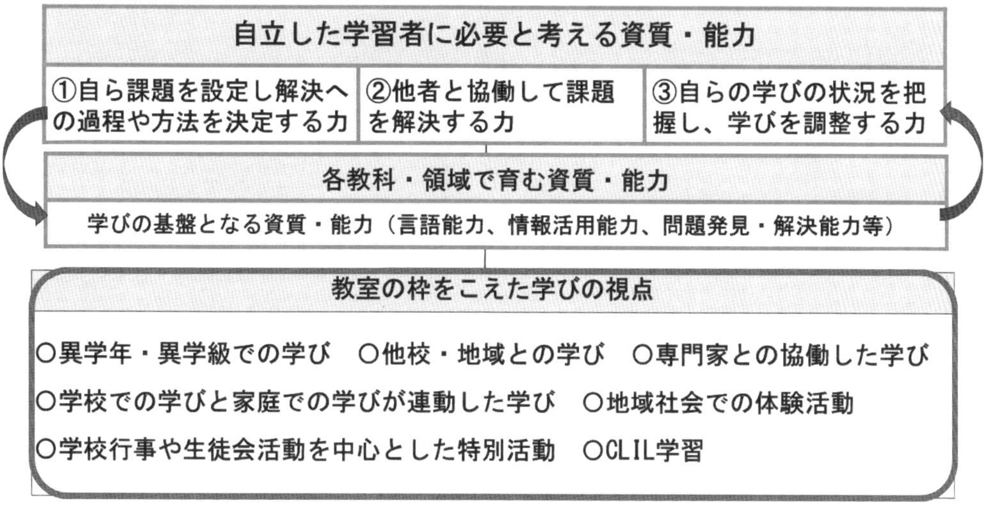

図1　教室の枠をこえた学びの視点

3．育成を目指す子どもたちの学びの姿

　「自立した学習者」に必要と考えられる3つの資質・能力を育むために学習者の学びの姿をより具体的にイメージして設定しました。これらの姿がさまざまな学びの中で，見られるよう

に教室の枠をこえた学びの視点を踏まえ，教科等の授業や特別活動，家庭学習などにおいて実践を積み重ねています。より具体的な学習者の学びの姿を職員で共有することで，各学年の系統も意識しながら，単元や授業をデザインし，「自立した学習者」の育成を図っています。

自立した学習者に必要と考える資質・能力		
①自ら課題を設定し解決への過程や方法を決定する力	②他者と協働して課題を解決する力	③自らの学びの状況を把握し，学びを調整する力
資質・能力を育むための学習者の学びの姿		
・一人ひとりが自らの学びの状況に合わせて課題を設定したり学び方を選択したりする姿	・クラスメイトとクラウドを活用して異なる考えを組み合わせよりよい学びを生み出す姿	・教科で身に付ける資質，能力について「まとめる」姿，自立した学習者に必要な力について「ふりかえる」姿
・一人ひとりの興味や関心，自らの夢に合わせて課題を設定したり探究する方法を選択したりする姿	・異学年，異学級，他校や地域など多様な他者とクラウドや遠隔オンラインシステムを活用して協働的に学ぶ姿	・学校での学びの確実な定着や学びを深め，広げる家庭での学びの姿
・課題解決学習において個々やグループの学びを展開する学習ガイドの姿	・専門家とクラウドや遠隔オンラインシステムを活用して高い専門性を学びながら探究的な学習や体験活動などに取り組む姿	・スタディログや学びのあしあとを活用し，主体的に学びを調整する姿

図2　資質能力を育むための学びの姿

4．授業実践

①自ら課題を設定し解決への過程や方法を決定する力

事例1：5年生 算数「小数のわり算」

〇教室の枠をこえた学びの視点：学校での学びと家庭での学びが連動した学び

〇学習者の学びの姿：学びの状況に合わせて課題を設定し学び方を選択する姿

　5年生算数では，学習ガイド（リーダー）を中心とした授業を行うことで，自ら課題を設定して学びを決定する姿が見られました。授業の導入では，図3にあるように学習ガイド（リーダー）の司会によって，家庭での学びで得た課題と本時の課題について全体共有を行い，それらを本時で解決する方法や個人の学び方を選択します。

　学び方を選択するには自己の学びの状況を把握する必要があります。家庭での学びによって課題を得て，それを授業での学習課題や学び方の選択に生かすことで，学習課題の解決の過程・方法を決定する力の育成を図っています。

図3　導入で学習を決定する姿

②他者と協働して課題を解決する力

事例2：5・6・7・8年生合同 高森ふるさと学（総合）「持続可能な高森町」

〇教室の枠をこえた学びの視点：異学年・専門家・地域との学び

〇学習者の学びの姿：多様な他者とクラウドやWeb会議システムを活用して協働的に学ぶ姿

　5年生から8年生合同で行う高森ふるさと学では，「高森町の魅力を動画ニュースで伝えよう」という単元のゴールを設定し，異学年グループで学習を進めました。「誰に視点を置いて調査するか」という課題をグループごとに設定し，取材班をつくり，各班がそれぞれ違う探究方法で単元のゴールへと迫る姿が見られました。「動画ニュース制作のための素材集め」とい

う課題解決場面では,「他者と協働して課題を解決する力」の育成を図るため,テレビ局の方々（専門家）からもらったアドバイスを,遠隔地へのオンライン取材や,地域への現地取材で生かす場を設定しました（図4）。

専門家や地域の方々,各取材先で出会う方々と対面で学ぶだけでなく,クラウドやWeb会議システム等を活用することによって,学校内外で多様な他者と学び合うことができ,異学年・専門家・地域との協働的な学びの実現を図っています。

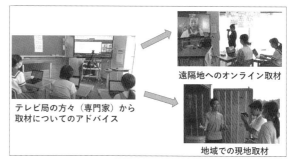

図4　多様な他者と協働的に学ぶ姿

事例3：6年 社会，総合「平和学習」・9年 社会歴史的分野「二度の世界大戦と日本」
○教室の枠をこえた学びの視点：異学年での学び
○学習者の学びの姿：クラウドを活用して協働的に学ぶ姿

6年生の修学旅行に向けた平和学習と,9年生社会科歴史分野の学習では内容が重なる部分があることから,2学年共通の探究課題を設定し,学習したことについて異学年が協働してプレゼンテーション資料を作り上げていく学習を行いました。まず,6年生が探究課題について

課題解決に向け調査し,プレゼンテーション資料を作りました。そしてその資料に対して,9年生が社会科の歴史分野で同じ探究課題のなかで学習したことをもとに,より深い知識や多くの資料を用いて助言していきました（図5）。異学年の学習により,学習内容に対しての学びが深まっただけでなく,主体的に他者と協働し課題を解決しようとする姿が見られました。

図5　9年生が6年生にアドバイスする姿

事例4：7年 道徳「看護する仕事（勤労）」
○教室の枠をこえた学びの視点：他校との学び
○学習者の学びの姿：他校の生徒とクラウドやWeb会議システムを活用して協働的に学ぶ姿

今年度から本校では同規模校の福岡県宗像市の大島学園と遠隔合同授業を行っています。学級内における協働的な学びの保障に課題を抱える中で,同じような課題をもつ同規模校との学習によって多様な意見に触れ,自らの考えを深める場をさまざまな活動で意図的に設定しています。7年生の道徳「看護する仕事（勤労）」では,教材から「働く上で大切にしたいこと」

についてまずは，個人で考え，意見
交流場面では図6のように個人のタ
ブレットで大島学園の生徒達と意見
や考えを伝え合いました。他校の友
達と意見を交流することで，自らの
生活や生き方に生かそうとする姿が
見られました。

大島学園
通常学級在籍2名

高森東学園
通常学級在籍1名

図6　他校の生徒との意見交流

③自ら学びの状況を把握し，学びを調整する力
事例5：1年・2年 体育「マットを使った運動あそび」
〇教室の枠をこえた学びの視点：学校での学びと家庭での学びが連動した学び
〇学習者の学びの姿：学びのあしあとを活用し，主体的に学びを調整する姿

　1・2年生合同で行う体育「マットを使っ
た運動あそび」では，Google Jamboardと
動画撮影ツールを活用して学びを振り返りま
した。Google Jamboardの自己評価シート
（図7）を自分のタブレットで操作したあと，
理由を発表しあうことで，学習に重要なポイ
ントを共有しながら自己の学習の状況を把握
しやすくなります。また，自分の演技の動画
を見ながら振り返ることで，「マット運動の
発表会」という単元のゴールに向けて自分の
課題をつかみやすくなっていました。

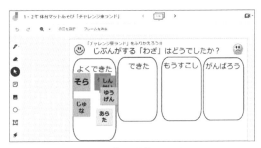

図7　自己評価シート

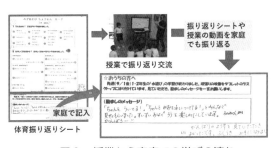

授業で振り返り交流

振り返りシートや
授業の動画を家庭
でも振り返る

体育振り返りシート

家庭で記入

図8　授業から家庭での学びの流れ

　授業で学びの振り返りを行った後は，振り
返りシートや演技を撮影した動画を保護者と
一緒に家庭で視聴できるようにしました。単
元の中間で使用した「振り返りシート（図8）」
に保護者からの励ましコメント欄（図9）を
作ったことで，家庭で学習内容について意欲
的に振り返る機会ができ，子ども達の次の授
業への意欲を高めることができました。

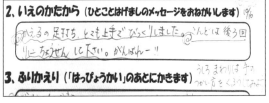

図9　保護者からのコメント

執筆者　高森町立高森東学園義務教育学校　元校長　本　田　雅　隆

（5）卒業生から見た高森町 ICT 教育

高森東学園義務教育学校　令和元年度卒業生　後 藤 乃枝瑠さん

　小学校の高学年の時に ICT が導入されてとても新鮮だったのを覚えています。それまで授業や宿題が紙中心でしたが，電子黒板やデータ提出に変わりました。新聞やテレビで高森町の ICT 教育が注目され，新しい取組へのうれしさを感じていました。

　学んだことは卒業しても役立っています。必ずと言っていいほど仕事で ICT を活用していますが，小中学生のころに基本を学んだから柔軟に活用できています。

　コロナ禍で一般的になったオンラインですが，高森町ではその前から取り組み，他校や外部の機関とつながっていました。さらに進化を続けていますが，コンクールなどを通して，児童や生徒が学んだ成果や努力の見える機会を作ってほしいです。

　今後，高森町の ICT 教育で培った知識を地域のために還元し，貢献していきたいです。

高森東学園義務教育学校　令和2年度卒業生　後 藤 啓 佑さん

　私の通っていた高森東学園義務教育学校は森の中にあり，生徒数もかなり少ない学校でした。そのため，「大きな学校に比べてどこか劣っている部分があるのでは」という不安がありました。しかし，最先端の ICT 教育は，当時のほかの地域の学校ではできないことをやっていたということに驚くとともに，町の教育環境に感謝しなければならないと思っています。高校に入学して，町外の生徒と学生生活を送るにつれて高森町の ICT 教育の質の高さを実感しています。高校ではほとんどの時間タブレットを使っており，調べ学習も多いです。その際，「タイピングが早いね」と友達から言われます。タイピングや表計算など小中学生で教わっているので，高校では誰に聞かずとも作業できます。

　ICT を活用した授業で印象に残っているのは，英語や数学などの授業でほかの学校とオンラインで学んだことです。相手の学校の子ども達とグループを作って，タブレットなどを使って話し合ったり，意見シートを共有して修正し合ったり……。離れた人とつながることで多様な考えに触れることができて新鮮でした。

　中学生のころに新型コロナウイルス感染症が猛威をふるいましたが，高森町はすでにオンライン授業の体制が整っていたので，勉強において問題はありませんでした。快適に授業を

受けることができました。

　高森町の ICT 教育は最先端を走っていると思います。私が義務教育で得た ICT の知識は社会に出ても役立ち，一生の財産です。質の高い ICT 教育に感謝しなければなりません。今後も最先端を走り続けてもらいたいです。私もそんな教育を受けた一人として，その魅力を発信するとともに，さらなる発展に関わりたいと考えています。

高森東学園義務教育学校　令和５年度卒業生　甲 斐 龍 生さん

　授業では，スライドや文書作成のために Google スライドや Google ドキュメント™ を使っています。実際のノートとは違い，瞬時に間違いを修正，加筆することができるのでとても便利に感じています。スライドを発表に使いますが，経験を重ねるにつれてプレゼンテーション力がついていると思います。オンラインで遠隔地の人たちと学習できるのが思い出。テレビ局の KAB の方々などと映像制作したのが良い思い出です。

　オープンスクールでパソコンなどに力を入れている学科を体験しました。Microsoft Excel を使いましたが，周りの参加者がやっとの思いでタイピングしているのを見ました。私は苦もなく取り組むことができました。差に驚きましたが，高森町の ICT 教育が進んでいる実感が湧くようになりました。

　高森町の教育を誇りに思っています。私の将来の夢は，地元に残り公務員になることです。パソコンなど ICT を活用する場面が増えていくと思います。高森東学園義務教育学校で９年間学んだことを十二分に発揮したいと考えています。

高森中学校　令和３年度卒業生　吉 良 健 志さん

　ICT を活用した授業の思い出を挙げるならば，プレゼンテーションとプログラミングです。生徒がプレゼン資料を作成して発表する授業では，テーマに対して知見が深まるだけでなく，情報リテラシーや相手に伝えるための力など情報化社会での重要な能力を養うことができました。プログラミング言語・Scratch を使った授業は面白かったです。作成する過程ではなく，プログラミング的思考を習得していく感覚が面白いと感じていました。

　とにかく学校に多くの視察があり，私達にとっては日常なことでも関心を示していました。先進地としての自覚は自然と生まれていました。高校に入学して，担任の先生から「高森と

いえばICTが有名だよな」と言われ，改めて自分が受けた教育について考えました。

　卒業後に役立ったのはタイピングです。高校では「タイピングが速い人」に分類されています。英語ディベートの授業では，素早く反論する英文を作成するためにタイピングが必須です。

　高森町について学ぶ「ふるさと学」の影響もあり，地元を知りたいという気持ちが生まれたことが大きいです。熊本市内の高校で学ぶようになって高森への帰属意識が高まり，町の教育の特色をありありと感じています。

　ICT教育に対して望むとするならば，高校の情報の授業を先取りするようなコンピュータサイエンスについて学ぶ機会を作ってほしい。人工知能（AI）や半導体の仕組みなどを学ぶことは，高森町の先進性を維持していくために重要だと思います。

高森中学校　令和3年度卒業生　　**藤　本　咲　希**さん

　ICTを活用して，自分で調べてプレゼン資料を作り発表しました。友達と共有しながら比べるのも楽しかったです。他の地域の学校に比べて早くタブレットが支給されていました。スペシャリストの先生から，小学校で基本，中学校で応用を学びました。正確でスピーディなタイピング技術を身に付けたので高校になっても役立っています。ICTを活用する授業は高校でもありますが，周りの生徒を待っている時間が少し退屈。でも，プログラミングなど教えることができるので感謝されてうれしいです。同じレベルの生徒がクラスに2，3人はいますが，高森町ではクラス全員ができたのですごいと思います。日本でどこよりも進んでいる高森町は誇りです。

（取材：熊本日日新聞社　藤山裕作）

（6）保護者から見た高森町 ICT 教育

高森中央小　元 PTA 会長　**小 篠　のぞみ**さん

　子ども達にとっての ICT 教育の効果を考えた時に，インフルエンザや新型コロナウイルスが流行して教室での対面授業ができなくなった際にも，しっかりオンライン授業に取り組むことができたことです。すごくありがたかったし，家にいながら画面越しで友達と交流できました。恵まれていると感じました。

　子ども達の順応する力には驚かされています。親が教えなくても自らスキルを獲得しています。ICT 教育が生活の一部になっています。動画や資料づくりなどの技術もどんどん上達して，子どもの姿を見て「サラリーマンみたいだね」とたくましく思うことがありました。

　タブレット端末は自宅に持ち帰って家庭学習にも役立てています。共有ノートを活用して先生が課題を提示してくれます。自分だけでなく友達がどんな課題に取り組んでいるのか分かるのも良いです。算数の宿題などもノートは使わずにタブレット上で完結してしまうのを見て時代の流れを感じました。学習発表会のシナリオもタブレットです。今の子ども達にとってはデジタルを使う方が情報が頭に入りやすいのかもしれません。

　ICT の活用が子どもの学びにとって良いのは間違いありません。タイピングの技術が向上してローマ字も自然に覚えているようです。ただ，わが子を見ていると，丁寧な字を書くことが少なくなっているのが心配です。バランス良く，確かな学びにつながってほしいです。

　教育環境が整った高森町は，子育てするにはすばらしい場所です。今後さらに充実していくことを期待しています。

高森中央小，高森中　元 PTA 会長　**大 塚 孝 倫**さん

　最初，学校にタブレット端末が学校に導入された時は 1 人 1 台ではなく，少人数のグループに対して 1 台導入だったと記憶しています。とにかく楽しそうに授業を受けていたと思います。高森町の小中学校が全国に先駆けて ICT 教育に取り組んできた成果が最も表れたのはコロナ禍ではないでしょうか。オンライン授業にもスムーズに移行できたので，子ども達は，休校中に自宅にいながら学びを継続することができました。町は，インターネット環境で教育格差が生じないように，接続が難しい家庭にはポケット Wi-Fi を配布しました。

　高森町の ICT 教育は全国でも有名になり，小中学校で研究授業発表会などが開かれる時には，県内外の教育関係者が訪れました。PTA としても交通整理などで手伝いましたが，高森の恵まれた教育環境はほかの自治体からうらやましがられる存在になっています。

　ここまで ICT 教育が盛んになったのは，「高森町新教育プラン」を掲げた佐藤増夫・前教育長のおかげだと思います。そのプランを役所仕事ではなく，挫折せずに実直に進めてきた町教育委員会

に加えて，学校現場の先生達の努力の成果だと考えます。かなり負担が大きかったと想像しますが，何もないところから磨き上げて「全国のトップランナー」と言われるまでになったのはすごいです。

ICT が，高森町の教育を引っ張ってきたのは間違いありません。今後は，学校で学んだ成果をもっと地域に生かしてほしいです。例えば，海外からの旅行者に対して観光ガイドするなど，ICTスキルをフル活用してもらえたらうれしいです。そして，高森町から巣立った子ども達のうち，1人でも多くが高森町に帰ってきてくれたらいいなと思っています。

高森東小　元PTA会長　白　石　豊　和さん

ICT 教育は，児童生徒数の少なさや地理的なデメリットを越えることができるツールとなったと思っています。高森東校区の子ども達は元々素直で純朴な良さを持っていますが，真綿に染み込むようにデジタルスキルを吸収して高めてきたと感じています。授業での発言の内容や伝える力にも変化が感じられ，学校から飛びだして世界を広げています。住んでいる環境を変えるのは難しいことですが，ICT が子ども達にもたらした多様な価値は計り知れないのではないでしょうか。

電子黒板を使った「遠隔授業」は，同じ町内でも離れた地域に暮らす高森中央小，高森中の子ども達と交流する機会を増やしました。普段から画面越しに意見を交わすことで顔見知りになったようです。

平成29（2017）年に小中一貫の高森東学園義務教育学校がスタートしました。人口減少が進む中で地域の学校の存続のための取組だと考えます。ICT 教育とともに，「最先端の学びの環境」が生まれたのです。私は，学校運営協議会の初代会長を務めました。PTA も一本化し，新しい学校で子ども達を支えていくための土台づくりに務めました。

ICT 教育を導入して10年。子どもたちの進歩はすばらしいです。私の子ども 3 人は，それぞれタブレット端末や電子黒板に触れて学んできましたが，3 人目の高校生の次女のレベルが最も高いと感じます。長男の頃はまだまだ Web 会議でつながる程度だったのが，次女は文房具のように使いこなしているように見えます。高森高校に進学した地元出身の子ども達は，教師達に電子黒板の使い方を教えていたと聞きました。現在の，高森東学園の子ども達の文化祭での発表や子ども議会での提案を見ると，タブレットを使って分かりやすい資料を作っています。それよりも注目すべきなのは，的確で地元愛にあふれていることです。農業の活性化や移住や定住促進など地域の課題にしっかり向き合っていました。ICT で外の世界に目を向けられるようになったからこそ，地元への関心も高まっているのだと思います。

子ども達は，地域にとって希望の光です。将来，故郷に根を下ろして新しい産業を生み出しがんばってもらいたいと願います。「高森で教育を受けたからこそ成長できた」と思う子ども達が増えてほしいです。

（取材：熊本日日新聞社　藤山裕作）

コラム

コロナ禍の中で学校教育の意義と価値を再認識した日々

熊本県教育庁市町村教育局　局長　**藤　岡　寛　成**

　現在の元号である「令和」となる直前（平成31年4月1日）に，私は新任校長として高森中学校に赴任しました。

　校長1年目，生徒達，先生方，保護者・地域の方々等に支えられながら，忙しい中にも楽しく充実した日々をおくっていました。しかしながら，令和2（2020）年2月27日（木）の夕刻，当時の安倍総理大臣による新型コロナウイルス感染拡大防止のための全国一斉の臨時休校要請により，学校を取り巻く環境は大きく変わりました。

　その後のいわゆる「コロナ禍」における教育活動は，私達がそれまで当たり前と思って見過ごしてきた様々な学校教育の意義や価値を，もう一度問い直す機会になりました。令和2年度は年度当初から5月下旬まで臨時休校が続き，高森町では遠隔授業に取り組んでいました。次は，私が不定期的に発行していた「校長通信」（先生方向け）の一部です。

＜校長通信：令和2年4月17日＞
　遠隔授業等で大変お世話になっています。また，夕会で先生方から出されるご意見（課題と課題解決のための手立て），それをとりまとめていただいている○○先生には心から感謝しています。まだまだ課題はありますが，少しずつ改善されている様子をみながら，嬉しさと様々な可能性を感じているところです。
　これまでの遠隔授業の取組から，私自身が感じていること（良さ）をとりあえず列記します。
（生徒にとって）
・毎日授業があるので，学力保障の一助となっている。
・毎日授業があるので，生活習慣がくずれにくい。（生活にリズムを作ることができる。）
・昨年度末の休校期間での未習内容を学ぶことができている。
・他の生徒の顔を見たり，声を聞いたりできるので，家にいても孤独感を感じにくい。
（先生方にとって）
・授業をある程度進めることができる。（課題はありますが・・・）
・学校にいても生徒の顔を見ることができ，生徒の状況をある程度把握することができる。
・夕会で課題や課題解決のための手立てを職員間で共有化することにより，遠隔による授業スキルが日に日に向上している。
・授業者以外の先生がカメラ操作等の授業補助に入ることにより，必然的にお互いに授業を見る機会が増え，「教材提示の仕方」「説明の仕方」「発問の仕方」「間の取り方」「指名の仕方」「笑いの入れ方？」等々，それぞれの先生方が持っている強みを学ぶことができる。

　・・・・もしかすると，「遠隔授業」の取組から「通常の授業」にフィードバックできる部分もあるのではないかとも考えています。先生方におかれても，今後，そのような視点も大事にしていただけたらと考えています。「生徒も教師もともに伸びる学校」を目指します。

<校長通信：令和2年4月24日>
　まだまだ課題はありますが，遠隔授業も軌道に乗ってきたように思います。これも先生方の積極的な，かつ，創意工夫された取組の成果だと考えています。

　遠隔授業を進めていく中で，あらためて思うのが「授業とは？」です。私たちが（と言うよりも，ずっと昔から）取り組んできた「授業」は，「対面で行うもの」という考え方が基本でした。目の前に生徒たちがいて，生徒たちの表情，発言，つぶやき，態度などの「生徒たちの反応」を観察しながら，計画していた内容を適宜修正しながら授業を進めていく・・・これが絶対的な価値として，私たちはとらえていました。

　しかしながら，私たちが今取り組んでいる「遠隔授業」では，目の前にいるのは「画面の中にいる生徒たち」です。したがって，「生徒たちの反応」が分かりづらいという弱点があります。また，生徒たちの体から発せられる雰囲気や空気が読み取りにくいという点もあるでしょう。そんな中で，通常の授業を行うことは，相当な困難さがあるのも事実だと思います。

　また，コロナ禍では生徒への「遠隔授業」とともに，先生方の「在宅勤務」も進められていました。次は，私が在宅勤務を行ったときの様子を記しています。

<校長通信：令和2年4月24日>
　在宅勤務中にいくつかの遠隔授業に参加させていただきました。（突然参加してすいませんでした。）○○先生の英語の授業を見ていて感じたことを述べます。

　1年生の英語の授業で，「アルファベット（大文字）を書く」という内容でした。黒板に4線を引き，その上に○○先生がアルファベットの大文字を書かれていました。私から見える部分（画面）は，4線とアルファベットの大文字，そしてその周辺部分のみでした。

　もし，生徒たちが教室にいて，教室内の自分の席（仮に一番後ろだと仮定します）からその状況を見るとすると，何が見えるのか想像してみました。見えてくるのは，・・・・
　「教室の前面の壁全体」「前面の壁にある掲示物」「同級生の後頭部」「両サイドの窓ガラス」
　「黒板全面」「電子黒板」「テレビ」「黒板消し」「教卓」「先生の姿」・・・等々
　通常の授業では，そのように様々なものが見えている状況の中で，生徒たちは先生の指示に従って黒板に書かれている内容（板書部分）を見ることになります。多くの生徒たちは意識して視点をフォーカスして板書部分を見ることができますが，そうできない生徒もある一定割合でいるのも事実です。その生徒たちは，板書内容は「見えている」のに，実際は「見ていない」「見ることができない」のです。

　その点，タブレットPCの画面上は，私たちの意図により，限られた情報しか映し出されませんので，どんな生徒でも視点をフォーカスしやすく，（教師が思う）見てもらいたい部分を，見させることが容易になります。

令和2（2020）年5月下旬，約2カ月におよぶ休校期間が終了し学校再開を迎えることとなった日，校長通信で次のように記しています。

<校長通信：令和2年5月21日>
　先生方には，昨日まで積極的に遠隔授業に取り組んでいただき，心から感謝します。
　先生方が遠隔授業をされている姿を見ながら，昨年の今頃のことを思い返していました。昨年は，本町の研究で「遠隔授業」のことが話題に出たり，実際に他校や専門家とつないでの授業を実施したりしてきましたが，やはりそこには，何か「特別なこと」という感がありました。
　しかしながら，それから1年がたち，現在，本校にとって「遠隔授業」は特別なことではなく，「当たり前のこと」になっています。また，校内外で行われる様々な会議がWeb会議システムで開催されることも珍しいことではなくなりました。
　今年は，新型コロナウイルス感染防止の名のもとに，教育分野はもとより社会全体で多くのことに変化が起こりました。今までなかなか変わらなかったこと（変えられなかったこと）が，短期間で一気に変わり（変わることができ）ました。
　私自身の中におきた変化としては，生徒の顔をよく見るようになったことがあげられます。これまでも（休校以前も），先生方の授業を見させていただく中で，生徒の様子を見てきたつもりでしたが，休校期間中の遠隔授業を見させていただいた際は，自然と画面に映る生徒の顔を一人一人しっかり見るようになったのです。このことは，学校が再開した後も，意識して取り組んでいきたいと考えています。

　学校が再開し，その後幾度となく臨時休校等を繰り返しながら，さまざまな教育活動を実施してきました。当然，それまで実施してきた内容・方法ではなく，その時々に工夫を行いながら実施することになったのですが，そのときに大事にしたことが2つありました。それは，「制約がある中でも，生徒や保護者にとって『何が大事なのか』，『何を優先すべきなのか』を考えて取り組むこと」「『～ができない』の発想ではなく，『～ならできる』の発想でものごとを考えて取り組むこと」でした。
　高森中学校での校長としての勤務はわずか2年間でしたが，町教育委員会から物心両面の十分なサポートをいただきながら，生徒達，先生方，保護者・地域の方々とともに学校運営を行うことができた日々は，学校教育の意義と価値を再認識させてくれた日々でもあり，私の宝物になっています。高森町及び高森町の子ども達の今後ますますの発展を祈念しています。

第 3 章

子どもの課題解決を支える
「たかもり学習」

（1）「たかもり学習」とその特徴

1．本町の学びの変遷について

①「教育の情報化」研究（平成24年度〜）について

　図1のように，平成24（2012）年度から「教育の情報化」に関する研究において，学校での学びにおけるICT機器の効果的な活用について研究を進めてきました。その研究の過程で，1単位時間における教師の指導モデルとして生み出されたのが「課題解決型学習モデル」であり，この学習モデルのことを「たかもり学習」と呼んでいます。

　「たしかにつかむ（導入）」では，児童生徒の問いを生かした課題や，多様な考えにつながる課題の設定を行い，本時の学習課題を確実に把握します。「かんがえる（展開前段）」では，児童生徒による主体的なコンテンツの選択・活用により，個人思考を行っていきます。「もっとふかめる（展開後段）」では，見方・考え方を働かせる学びの展開を通して，協働的な学び（学び合い）を行っていきます。「ふりかえる」では，めあてに即した振り返りを行い，定着の確認や次時の学習につなげていきます。

　「たかもり学習」が確立されたことにより，町内全ての授業者が共通実践を行い，授業改善が図られるようになりました。

図1　学校での学びにおけるICT機器の効果的な活用について研究

② 「新たな学び」研究（令和元年度〜）について

　図2のように，令和元（2019）年度からは「新たな学び」に関して研究を進めてきました。「たかもり学習」が，子ども達にも「学び方のモデル」の1つとして浸透するようになってきました。これにより，学習者主体の学びを図る「ガイド学習」において，学習者自らが課題を設定し，個人やグループで考える時間を設定する学習展開につながるようになりました。本町の教育は，次第に教室の枠を超えた学びへと展開していくようになり，授業と家庭をつなぐタブレット端末の活用を図る実践が研究されるようになりました。このように，令和元（2019）年度以降の本町の研究では，教師主導の授業から児童生徒主体の学びの転換が行われ，授業者の授業観が大きく変わるきっかけとなりました。

図2　学習者主体の学び，教室の枠を超えた学びについて研究

③ 「自立した学習者」研究（令和4年度〜）について

　図3のように，令和4（2022）年度からは「自立した学習者の育成」を研究主題とし，教育のDX化を図る上で，学習者主体の学びや授業者のコーチングの重要性についての研究が始まりました。現在では，本町が「自立した学習者」に必要と考える「①自ら課題を設定し，解決への過程や方法を決定する力」「②他者と協働して課題を解決する力」「③自らの学びの状況を把握し，学びを調整する力」の3つの資質・能力を育むために，2つ目の学習モデルである「自立した学習者の探求型学習モデル」について重点的に研究を進めています。

自立した学習者の探究型学習モデル
　　　　　　　＝学習者主体の子どもの学びモデル

教科の特性や学習内容、発達段階に応じて学習モデルを使い分け・融合

研 究 主 題
自立した学習者の育成
〜サブテーマは各学校の特色を生かして設定〜

自立した学習者に必要と考える資質・能力

①自ら課題を設定し、解決への過程や方法を決定する力	②他者と協働して課題を解決する力	③自らの学びの状況を把握し、学びを調整する力

各教科・領域で育む資質・能力

学びの基盤となる資質・能力
（言語能力、情報活用能力、問題発見・解決能力等）

児童生徒による効果的な端末活用

12年間の積み重ねにより築かれた姿		
教師の姿	児童・生徒の姿	地域の姿
○有識者による継続した指導 ○高森町教育研究会の活性化 ○研究発表会の継続開催	○優れた情報活用スキル ○醸成された情報モラル ○自律的な学級集団	○町を挙げての教育改革 ○一人一台端末の早期導入 ○全家庭Wi-Fi環境の整備

図3　教育 DX の推進と１人１台端末とクラウドサービスの活用

2．令和４年度版「たかもり学習」について

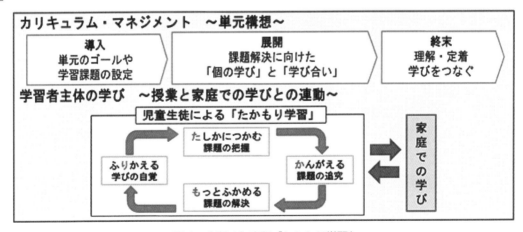

図4　令和４年度版「たかもり学習」

先述した本町の学びの変遷の中で，令和4（2020）年度版の「たかもり学習」は図4のような流れとなりました。

　1つ目の軸は，授業者の立場から設定したモデル図で，「自立した学習者」の育成を目指した単元デザインの構想を図るものです。単元終了時の児童生徒の姿を明確にし，課題解決に向けて各教科等で見方・考え方を働かせ，「個の学び」と「学び合い」を一体的に充実させる学習活動をデザインします。単元を通して学んだことを，次単元につないだり，他教科の学びとつないだり，実生活とつないだりする振り返り活動の充実を図るようになりました。

　2つ目の軸は，学習者の立場から設定したモデル図で，児童生徒による「たかもり学習」の展開を目指すものです。「たかもり学習」を，より児童生徒主体の学習展開にしていくために，令和4年度にモデル図の修正を行いました。

　「たしかにつかむ」では，本時の学習課題を確実に把握し，学習のまとめにつなげていきます。そして，「かんがえる」「もっとふかめる」では，個人もしくは集団で課題追究及び課題解決を行っていき，「か」と「も」の学習活動として考えられるものを整理し，「個の学び」と「学び合い」の一体的な充実を図ります。最後に「ふりかえる」では，これまでの学習や生活経験と重ねて考えたり，新たに生まれた疑問やこれから学びたいことを書いたりする時間を設定し，次時の学習や他教科の学びにつなげていきます。

　また，教室の枠を超えた学びとして，授業と家庭学習の連動を意識した単元デザインが構想されるようになりました。ICTを活用して家庭学習を変革することは，教育DXの重要な柱の1つでもあります。本町では，個別最適な学びと協働的な学びの一体的な充実を図ることを目的として，児童生徒がタブレット端末を持ち帰り，家庭で活用する実践は令和5年で7年目を迎えます。各家庭のWi-Fi環境が全て整う以前は，写真撮影，オフライン版のドリル学習，レポートやプレゼン作成といった個人での活用が主でした。しかし，コロナ禍において，町当局によって全ての児童生徒の家庭にWi-Fi環境が整備されたことによって，クラウドサービスを活用することが可能になり，家庭学習の質的向上が図られるようになりました。また，発想を転換させ，教科書は学校に保管し，必要があればタブレット端末とともに家庭へ持ち帰るようにもしています。

　現在，クラウドサービスを効果的に活用した授業と家庭学習の連動を町の研究軸の1つに掲げ，単元及び本時における学習課題を解決するために，家庭学習においても児童生徒が主体的にクラウドサービスを活用して個の学びと学び合いの充実が図られるようになりました。

執筆者　高森町立高森中学校　日田湧大　坂本大志

（2）「たかもり学習」の事例

① 「学びがつながる」ことばの遊びの学習

▌ 1．校種・学年・教科等

小学校・2年・国語

▌ 2．実践のポイント

　子どもの課題解決を支える「たかもり学習」を基盤に，研究の2つの視点「カリキュラム・マネジメント」「学習者主体の学び」をもって実践しました。
○教科等横断的な学び…他教科においての学びを支える国語力を育成することを目指しました。
○ガイド学習…学習ガイド役の児童を設定し，児童主体型の授業を目指しました。
○家庭での学び…授業では十分に時間の確保が難しいものや感染症予防の観点から実施が難しい活動を行いました（家庭学習と関連付けながら）。

▌ 3．事例の紹介

　身に付けた音読の工夫を生かしたり，新しい工夫を見つけたりしながら言葉遊びをすることで，言葉のリズムを楽しんだり，言葉を用いて発想を広げたり，言葉を通して人と触れ合ったりなど，言葉のもつ良さを十分に実感し，生活に用いようとする児童の姿を期待し，単元を計画しました。
　導入では，言葉遊びについて知り，折句を楽しみながら音読したり，折句を書いたりする活動を行いました。
　展開では，数えことば・数えうた・言葉遊びうた，「いろはうた」や「ちいきのかるた」を工夫して音読することで，古くから伝わる言葉遊びに親しみ，音のリズムや語感，言葉の働きに気付く活動・言葉遊びをより楽しむための音読の工夫を伝え合うことを通して，言葉のもつ良さについて考えを深める活動を行いました。家庭での音読の練習の様子をタブレット端末で録画して提出したり，保存された友達の音読を視聴し，良さや改善点をワークシートに記入したりして授業に臨むなど，授業の中では十分に時間をとることのできない活動時間を家庭学習で確保しました。「たかもり学習」の学習過程に，家庭学習を組み込んだことで，教科の学びがつながり，家庭での学びと授業での学びがつながる，個の学びと学び合いがつながる学習を実現することができました。
　終末には，好きな言葉遊びの活動（折句コーナー・数えうたコーナー・言葉遊びコーナー・かるたコーナー）を選んで，実際に楽しむ活動を行いました。

4. 活動の様子と児童の変容

　図1は，教科書に紹介された言葉遊び以外の言葉遊びをタブレット端末で検索する様子です。導入で興味を持った「いろはうた」の意味や「いろはうた」で知った昔の文字に興味を持って，インターネットを活用して家庭学習で調べる児童の主体的に学ぶ姿も見られました。言葉遊びうたの視写や意味調べ，折句の制作等を通して，インターネットの活用，学校図書館やタブレット図書館の有効な活用の機会にもなりました。

図1　言葉遊びを調べる様子

　図2は，友達がドライブ上に提出した音読の動画を視聴し，気付きを学習シートに記入する様子です。音読の工夫の視点を持って視聴することで，自分の課題に気付いたり，自分の音読に生かしたりすることもできました。この活動を家庭学習で行ったことで，十分な時間が確保でき，何度も繰り返し必要な部分だけを視聴できたことで，言葉の豊かさや言葉の持つ良さに気付くことにつながりました。

図2　家庭で友達の音読を視聴する様子

　図3は，学習ガイドが個人の意見を整理・分類し，まとめにつなげる様子です。音のリズムや語感，言葉の響きに着目して分類する姿が見られました。個人の意見は，タイピングの技術を生かし，タブレット端末を活用してデジタル付箋紙に色分けして記入しました。

図3　学習ガイドが個人の意見を整理・分類する様子

　『ことばであそぼう』の学習を通して，児童は，言葉のもつ良さを「言葉のリズムを楽しめること」「言葉を使って，友達や家族と遊ぶことができること」「1つの言葉からたくさんのことを想像して楽しむことができること」を挙げました。また，遊び係主催のかるた大会を開いて，遊びの中に取り入れる姿も見られました。言葉にこだわり，学んだことを生活に生かそうとする姿が見られたことは，大きな成果でした。

執筆者　高森町立高森中央小学校　本　田　こずえ

②論理的思考を育む「たかもり学習」の実践

1．校種・学年・教科等

小学校・3年・算数

2．実践のポイント

　GIGAスクール構想の実現に向けた政策が令和元（2019）年12月からスタートし，児童がタブレット端末を活用して学習活動に取り組む姿がよく見られるようになり，論理的思考を育むプログラミング学習コンテンツも積極的に活用され始めました。一方で，発達段階によって理解度や操作性に難しさを感じる児童がいることも事実です。

　そこで，児童の主体的な学びを支えるための学習過程「たかもり学習」を通して，小学校第3学年の算数科「円や球」の学習内容において，「観察」「分類」「考察」の際に「アンプラグドプログラミング」を取り入れながら論理的思考を育み，円や球の概念を明確に理解することを目指しました。

3．事例の紹介

　導入では，前時までの復習や本時の学習のめあてについて，学習ガイドの児童が中心となって確かめます。その後，教師は丸い部分や丸みのある形（図1）を具体物として児童に提示しました。これまでに児童は，硬貨やボール，卵や筒状の物など，丸い形をした物や丸みのある形をした身近な物について，見たり触れたりした経験があります。このことを踏まえて教師が準備した具体物により，児童の関心をより一層高めることができました。

　自分で学習課題を解決するために思考する場面では，児童は実際に具体物を手に取りながら，真上から観察したり真横から観察したりしながらさまざまな角度から観察し，円ととらえることができるかどうかを探っていきます。その際，真上や真横から見える形がより正確な円になっているのかどうか，児童が観察する視点を焦点化しやすくできるように筒状の教具を準備して覗き込めるようにしました。やはり，児童にとって具体物を用いて観察したり操作したりする中で自らの考えを確立するための学習活動はとても重要です。

図1　児童の関心を高める具体物

グループの友達と意見を交流させながら学び合う場面では，図2のように，児童によって活発な意見交流が行われました。具体物を用いて自分で学習課題を解決するために主体的に学んだからこそ，「自分の考えを友達に伝えたい」「友達の考えを知りたい」という児童主体の学び合いを展開することができました。また，交流したことを踏まえながらグループの考えとしてまとめる際，観察したこ　をマトリックスやフローチャート（図3）　用して，具体物の中から球を見出してい　す。児童は，真上から見えた形と真横か　　た形を相互に関連付けながら球かど　　　析していきました。また，自らの考　　　　考えが視覚化されてより明確になったことで，進んで発表したり友達の発表を聞いて自らの考えと比較したりしながら主体的に学ぶことができました。

図2　主体的に学び合う児童

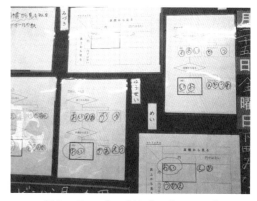

図3　アンプラグドプログラミング

4. 活動の様子と児童の変容

　本単元のねらいは，観察，分類，構成，作図などの活動や分析的に一般的な性質を考察することを通して円や球の概念を明確に理解することとしました。さらに，円や球の図形的な美しさにもふれ，図形に対する感覚を豊かにしていきたいと考えて実践しました。

　また，従来の授業では，教師が児童に教授する一方向性のみの授業が多かったのではないかと思いますが，本実践では，丸い部分や丸みのあるさまざまな形を具体物として提示したことで，児童が高めた課題解決意欲のままに学習活動に熱中しました。

　さらに，その活動の中に仕組まれた「アンプラグドプログラミング」によって児童一人一人が論理的思考で課題解決を行い，表現活動において学びを深めることができました。プログラミング学習コンテンツを取り入れることだけが論理的思考を高める手段ではありません。発達段階や実態に応じたアンプラグドプログラミングの活用により，児童の学びはさらに深まっていくのではないでしょうか。

執筆者　高森町立高森中央小学校　丸　野　公　士

③高森の良さを伝えるガイド

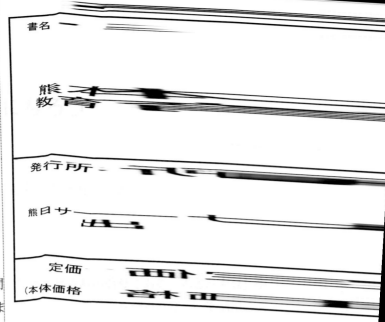

1．校種・学年・教科等

義務教育学校・3年，4年・高森ふるさと学

2．実践のポイント

今までの高森ふるさと学（総合的な学習の時間
「オオルリシジミ」について単学年で学習してきま
キルを高めたりするためには異学年集団での学び

好きな高森町の良さを伝えるガイドになる」という単元のゴールを設定し，自分たちの興味関心に
基づいた異学年グループでそれぞれが課題追究をしていきました。Google フォームを使って上学
年にアプローチをしたり，自分のタブレット端末の録画機能を使ったり，Google スライドの効果
的な作り方について9年生からアドバイスをもらったりと，情報活用スキルの育成を図り，課題解
決に向けた子ども達主体の「たかもり学習」を行いました。

3．事例の紹介

1学期前半の高森ふるさと学で，3年生は「みさお大豆」と「校区探検」，4年生は「オオルリ
シジミ」について学習していました。単元の最初の時間は，各学年で学習したことを Google
スライドにまとめ，発表し合い，3つの学習からさらに深めたいことを考えました。その後興味関
心に基づいた「れきしグループ」「くらしグループ」「しぜんグループ」に分かれ，図1のように個
人の考えを付箋に書いて話し合い，テーマを決定していきました。テーマ決定後，学習計画を立て，
テーマについて詳しい方にインタビューをする計画を立てました。録画機能を使って，話し方やよ
り良い受け答えの練習をし，質問する際はどんな答えが返ってくるかを予想して，インタビューす
ることを心がけました。

そのインタビューまでの間に，単元の1時間目に行った発
表の様子を録画したものと，Google フォームで作ったアン
ケートを共有ドライブにアップし，5年～9年生にも発表の
様子や作成したスライドを見てもらえるようにしました。文
字の入れ方や色の使い方等スライド作成のスキルと，発表の
仕方についての具体的なアドバイスを書き込んでもらうこと
で，3，4年生は効率よくポイントをつかむことができました。

図1　グループでの話し合い

インタビュー後には，各グループ一人一人役割分担を
し，スライド作成に責任をもって取り組みました。

全グループのスライドができた後，9年生に教室に来
てもらい，一人一人直接アドバイスをもらいました。よ
くできているところをほめてもらいながら，内容によっ
ては地図や写真を入れた方が分かりやすいこと，時には
クイズを取り入れて興味関心を高めること，知らなかっ
たキーボードの便利な機能，発表時にはできるだけ聞い
ている人の顔を見て話すこと等教えてもらい，やる気と
ともに，プレゼンテーションのスキルがさらに質の高い
ものになっていきました。

図2　9年生からのスキルの伝達

図3　プレゼンテーションの様子

最後に，完成したスライド資料をもとに，図3のよう
に，各グループ1時間ずつ発表を行い，質問や感想を伝
え合いました。その中で，「高森町の宝を守っていくの
は私達だ」という当事者意識が生まれたことは子ども達
にとって大きな成果だったと思います。

発表後の振り返りでは，「上級生に教えてもらったことで，スライド作りがとてもおもしろくなっ
た」「11月の文化祭で，これからの高森町について自分達の思いを伝えたい」等の感想が聞かれ，
主体的なICT活用で子ども達の課題追究への意欲が高まったことを感じました。

4．活動の様子と児童の変容

グループでテーマを決めて活動していく中で，最初のインタビューだけではなく，ある児童は先
生方にアンケートをとったり，ある児童は関連の施設に電話をしたりといった発展的な学習をする
児童の姿が見られました。

スライドを作成する際，同学年ではアドバイスし合うだけのスキルがありませんでしたが，クラ
ウドを活用することで上級生の意見を効率よく受け取ることができました。また，9年生に対面で
教えてもらったことで，情報スキルの向上だけではなく，目指したい先輩の姿として心に刻まれた
ことが，授業の後の感想で伝わりました。

文化祭では，単元のゴールである「大好きな高森町の良さを伝えるガイド」として自信をもって
プレゼンテーションすることができました。さらにふるさとについて知りたいという気持ちは，そ
の後の個人研究につながっていきました。

執筆者　高森東学園義務教育学校　**衛藤るみ**　実践者　**衛藤るみ・小原久幸**

補充注文カード
地方・小出版流通センター
地方小出版
取扱店
貴店名（帖合）

書名・著者名

熊本県高森町
教育DXの軌跡

発行所名
熊日サービス開発（株）
出版部

定価　1,980
（本体　1,800　円＋税）
円

注文数

注文制です。返品のないようにお願いします

④能動的に学び続ける子どもの育成

1．校種・学年・教科等

小学校　6年　高森○○○○○学

2．実践のポイント

総合的な学習の時間は児童が探究的に課題解決に取り組む教科で、子ども達自身が学習計画を立て、その中で、課題解決のために必要な学びを検討していくことで、能動的な学びの姿を目指しました。課題解決には、他者の考えや意見に触れることが不可欠になります。クラウドリ　じス を活用し、授業だけでなく家庭においても、友達と協力をしながら効率的、効果的に学習を進めることができるようにしました。また、学習を進める中で、計画通りに進まないことも想定されます。めあて設定、振り返り、そして　次の学びの検討のサイクルに繰り返し取り組むことで、学習計画の修正をしながら学びを自己調整する姿も目指しました。

3．事例の紹介

　単元導入では、「高森町をおすすめできるか」というテーマで交流する中で高森町にさまざまな魅力や課題があることを確認しました。その中で、「自分達にできること～見つめよう高森の良さと課題～」という探究課題を設定し、少子化問題やゴミ問題など町の課題から5グループ、観光や自然などの魅力から4グループのテーマグループを編成しました。

　探究的な学びを進める上で、これまでに身に付けた学び方を活用する必要があります。これまで自分達が使用してきた教科書を参考にしながら、探究的な学びとこれまでの学びについて表にまとめました。自分達の学びが、探究的な学びのどの過程にあるかを意識しながら、必要であれば、教科書を参考にしながら学び直しをすることができるようにしました。

　単元の展開では、グループごとに学習計画を作成し、計画に沿って学びを進めます。学習計画には、1時間ごとのめあて、活動内容、家庭での学びについてまとめ、授業の終末で振り返りと修正を行いました。子ども達は、探究課題に向けた単元の学びを見通しながら、授業での学びと家庭での学びをデザインしました。また、単元の中で探究的な学びを3つのステップに分け、探究的な学びのサイクルに繰り返し取り組めるようにしました。

4. 活動の様子と児童の変容

　図1は生き物について学んでいるグループが地域の専門家とWeb会議をする様子です。このグループは地域の生き物について調べる中でインターネットや書籍での情報収集に限界があると感じ，地域の専門家にインタビューをする計画を立てました。

　そこで，学習計画を修正し，電話やメールでの尋ね方について学ぶ時間を設定しました。家庭学習では，電話対応の練習を家族に聞いてもらったり，練習の様子を録音したりする課題を設定していました。その後，自分達で日程調整をしながら，Web会議のアポイントをとることができました。図2はインタビューをしている子どもの横で，思考ツール（Yチャート）を用いながら情報を整理する様子です。6年間の学びを生かしながら，情報収集や整理に取り組む姿が見られました。

　情報収集の後は，収集した情報から自分達にできることを考えまとめ，発信する活動に取り組みました。多くのグループで，「高森町についての情報発信がもっと必要」と考え，グループで分担をしながら町の魅力を発信するホームページを作成しました。図3はホームページ作成の様子です。収集した情報だけ

図1　児童が設定したWeb会議の様子

図2　インタビュー内容を整理する様子

図3　ホームページを作成する様子

でなく，プログラミングの技能を活用して，自分達が調べたテーマについてのクイズを作成したり，動画を作成しホームページ上で公開したりするグループも出てきました。

　子ども達は探究的な学びの中で，電話やメールでのやり取りの方法，ホームページ作成やプログラミングなど新たな課題を見つけるたびに，課題解決に必要な知識や技能を身に付け，能動的に学ぶ姿が見られました。その中で，学習計画を修正し，授業で学ぶこと，家庭で学ぶことを区別しながら学びを自己調整する姿も見られました。

執筆者　大津町立護川小学校 [高森町立高森中央小学校]　小　林　　翼

⑤授業と家庭学習の連動

1．校種・学年・教科等

小学校・5年・算数「整数の性質を調べよう」

2．実践のポイント

　本単元では，異なる2つの学習課題を作り，学級を2つのグループに分けました。家庭では自力解決に取り組みながら同じグループで意見を交流し，考えをまとめました。授業では求め方を説明し，共通点や相違点を出し合いました。さまざまな場面においても共通する性質があることに気付くことで，整数の性質の理解が深まると考えました。また，ワークシートをクラウドで共有することで，友達の考えを参考にしたり，質問したりすることで，自分の考えを明確に持つことをねらいました。

3．事例の紹介

　今回紹介する実践は，倍数の特徴に着目し，「公倍数」「最小公倍数」の意味を理解することをねらいとした授業です。学習課題について，Aグループが「1ふくろ3本入りのえん筆と，

1ふくろ4本入りのキャップ」，Bグループが「1ふくろ2本入りのえん筆と，1ふくろ4本入りのキャップ」とし，「何ふくろか買って，えん筆とキャップの数が等しくなるのは，何本のときだろうか」と設定しました。

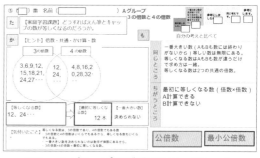

図1　Aグループのデジタルワークシート

　まず家庭学習では，図1のクラウドで共有されたグループ別のデジタルワークシートを用いて，与えられた課題に対する自分の考えをまとめました。その際，図2の3種類の思考ツールから選んで考えるように準備しておき，自分のワークシートに貼り付けて活用できるようにしました。また，クラウドでグループのシートが共有されているので，家庭にいながらグループの友達と付箋機能を用いて考えを交流し，自分の考えを整理しました。

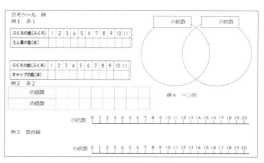

図2　思考ツール

授業では，図3のように，まず家庭学習で考えてきた求め方を説明する時間を設定しました。次に「えん筆の本数が異なると，答えの求め方は違うのか」と発問し，図4のように，異なるグループの人たちと交流する時間を設定しました。全体交流後に「公倍数」「最小公倍数」の用語をおさえました。

毎時間のシートを「学びのあしあと」に蓄積する取組を，さまざまな教科で実施しています。図5は，本単元の学びのあしあとです。基本的なシートの蓄積方法としては，1枚目のスライドに「本時のめあて」「本時のまとめ」「振り返り」が記述されており，2枚目のスライドに家庭学習でまとめたシートをキャプチャして貼り付けていきます。デジタルで全てまとめることで，整理されて見やすく，一元化されているので振り返りがしやすくなりました。

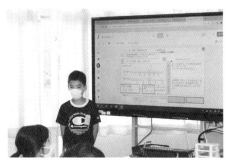

図3　全体交流の様子

図4　異なるグループとの交流

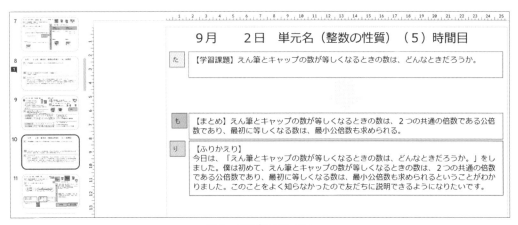

図5　学びのあしあと

4．活動の様子と児童の変容

ワークシートをクラウドで共有することで，授業と家庭学習を連動した学びを展開することができ，家庭でも自由に交流する姿が見られ，授業で自信をもって説明することができていました。また，デジタルノートを活用することで，自分の考えを構造的にまとめるスキルの向上につながりました。

執筆者　合志市立南ヶ丘小学校［高森町立高森中央小学校］　佐　藤　　優

⑥遠隔交流による相互発表

1．校種・学年・教科等

義務教育学校・8年・国語（中学校2年国語と遠隔交流）

2．実践のポイント

　プレゼンテーションでは，資料や機器等を効果的に活用し，分かりやすい説明が求められます。相手に分かりやすいかどうかは，作成の過程で，聞き手の意見を取り入れることが重要です。そこで，情報の取捨選択，プレゼンテーション発表の学習過程で，協力校と遠隔交流を行い，相互評価することで，プレゼンテーションを改善するための授業に取り組みました。

3．事例の紹介

単元名　多様な視点から『魅力的な提案をしよう』～プレゼンテーションをする～（光村2年）
全6時間扱い

①提案する相手・目的・事柄を決め，材料を集める。
②集めた情報について再確認する。
③進行表をもとに，プレゼンテーションを作成する。
④プレゼンテーションを交流する。
⑤助言をもとにプレゼンテーションを修正する。
⑥修正したプレゼンテーションを発表する。

〔たしかにつかむ〕　本時の学習課題「プレゼンテーションを交流して改善点を見つけよう」をつかみました。本時は遠隔交流で班を作り，ペアを組んでプレゼンテーションを2回ずつ発表し合うことを確認しました。

図1　プレゼンテーションの交流

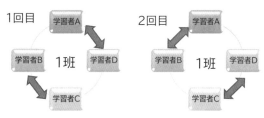

図2　交流の順序

〔かんがえる〕　各班でプレゼンテーションを2回ずつ発表しました。発表者は相手意識・目的意識をもって発表し，聞き手はプレゼンテーションの内容や工夫，疑問点をメモしながら交流しました。特に，聞き手のメモは，学習課題を解決するために必要不可欠であるため，意識して取り組みました。

図3　工夫点，疑問点の交流

〔もっとふかめる〕　聞き手は発表者に対して，メモをもとに自分の考えを伝え，良い点や工夫点，疑問点等も伝え，発表者とともにプレゼンテーションの課題を解決していきました。また，発表者は聞き手からの質問や意見に答えたり，ともに考えたりする中で，考えが広がったり深まったりしていました。

図4　聞き手とともに学び合い

〔ふりかえる〕　本時の学習について振り返りました。振り返りでは次のような意見が見られました。

　「相手からのアドバイスで，自分では考えていなかったことを知ることができたのでよかった。相手の資料から参考にしたいものがあったので，これから作っていきたい」「十分深め合うことができた。材料集めの時に，（私の）目的にあったものがあまり出なかった」

　生徒達の大部分が達成感を持つことができましたが，2割程度の生徒は不十分であったと振り返っていました。理由の多くは「相手に良いアドバイスができなかった」というもので，発表者にとって自分の意見は重要であることを強く意識して臨んだ生徒が多く見られた結果でした。

4．活動の様子と児童の変容

　相手にプレゼンテーション発表をすることを通して，相手意識・目的意識の必要性が生じ，遠隔授業の有効性が十分に見られた授業でした。また，プレゼンテーションだけでなく，情報を取捨選択する過程においても交流を行ったことで，多様な視点から考え直すことができ，見方・考え方を広げることができたと考えます。

　また，学校間で異なるテーマのプレゼンテーションに取り組んだため，「相手に分かるように伝える」ということをより強く意識して伝えることができました。また，テーマが異なることにより，分かりにくい部分について率直な意見をもらうことができ，それらを修正に生かすことができました。

執筆者　高森町立高森中学校　熊　谷　潤　一

⑦自立した学習者の育成〜生徒が授業を進め，教師がサポート〜

1．校種・学年・教科等

中学校・3年・音楽

2．実践のポイント

　生徒自身が自分達で授業を進めたとなるようにするにはどうしたら良いでしょうか。これまでも取り組んできていましたが授業の大枠は教師が準備していました。教師主導の面がかなりあり，その中でガイド学習を進めても，ほとんどの生徒は受け身になりやすく，学びの到達点が低い様に思われます。

　そこで，題材の「めあて」は教師が設定し，その「めあて」を達成できるようにするのは，生徒一人一人ですので，目標達成のための「学習課題」を生徒各自が決定します。ここで言う「学習課題」とは，「めあて」を達成するために「意識すること」です。一人一人が「めあて」を達成するために，どんな内容，方法，学習形態，時間配分が必要かを考え実践していきます。

　このことが「自立した学習者の育成」につながっていくと考察できます。

3．事例の紹介

〔たしかにつかむ〕　家庭での学びと授業を連動させた授業実践を行います。図1に示した「学習課題」や解決方法（内容，方法，学習形態，時間配分）を考え決めるのは家庭学習で行います。

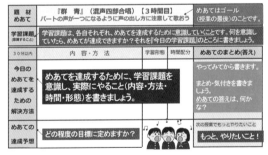

図1　生徒一人一人が授業を考える（ヒント解説）

〔かんがえる〕　考えてきたことを実践していくために，他の仲間と内容，場所，時間の調整を行います。授業の内容や時間配分を生徒自身が工夫しながら取り組んでいきます。協働して課題を解決していくことにもつながります。

〔もっとふかめる〕　生徒自らが考えたさまざまな学習形態ではありますが，目指すところは同じであり，自分にあった学びが展開されます。一人一人の「学習課題」や解決方法，時間配分が異なり，授業の中で各自の計画に沿って実践していきます。教師は，それに対応できるような準備が必要となります。そこで一人一人が「学習課題」を達成できるように個人練習やグ

ループ練習，全体練習ができるように，合唱練習用ソフト（自作）を活用します。また，歌唱の個人練習を導入することで，各自の進度に合わせることができ，自分に最適な授業内容，解決方法を選択することができます。そして，他者との歌唱練習や自分の歌唱を聴いてもらうことで，協力して課題を解決することもできます。

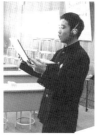

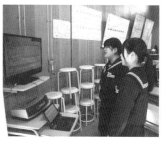

図２　個人練習やペア練習をする様子

〔ふりかえる〕　めあてを達成するためにやってみて，どうしたら達成できたのか，気付きとまとめをします。

その後，今日の実践について，授業全体の振り返りを行い，自己評価し，次の時間へつなげます。図３に示したスライドホームを活用することで，他者の進度状況を確認することができるため，そのことによって，見通しをもった授業が生徒自らでつくられていき，自立した学習者の育成につながっていきます。

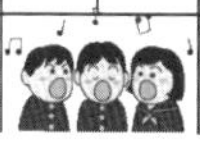

題　材 めあて	『群　青』（混声四部合唱）【２時間目】 自分のパートの音程とリズムを正しく歌えるようになろう			３年１組　〇番 ソプラノ
今日の 学習課題	曲の模範をよくきいて細かいところまで確認しよう。 曲の歌詞の意味を感じ取りながら歌おう。			〇〇　〇〇
３０分以内	内　容・方　法	学習形態	時間配分	今日の気付き・まとめ
今日の学習課題を達成するための解決方法	①曲の模範を聴く ②模範に合わせて歌う ※自分の声は少し聞こえるくらいの音量 ③同じパートの人と練習する ④ ③でできていない部分を模範で確認しながら歌う	個人 個人 パート 個人	５分 ５分 １５分 ５分	今日は模範をよく聞いて歌詞に込められた思いを感じながら歌った。これらを意識したことで前回よりも確実にリズムと音程がとれるようになった。 パート練習のあとにもう一度個人練習をすることでできていないところを改善することができた。精度があがる練習になった。
学習課題の達成予想	前回の授業よりも細かいところまで音程・リズムがとれるようになると思う			次の学習課題 音程とリズムを正しく歌い、パートの声を一つにする。

図３　授業内容を生徒一人一人がデザインする

ソプラノ　合唱の振り返り【３年１組】♪群青♪

〔よくできた→A・だいたいできた→B・あまりできなかった→C・できなかった→D〕

ソプラノ	名　前	正しい音程で歌えましたか	正しいリズムで歌えましたか	めあての達成状況	〈今日のめあて〉 自分のパートの音程とリズムを正しく歌おう 〈振り返り〉 ・なぜ、その達成状況にしたのか？ ・何ができて、何ができなかったのか？
例	記入例	A	B	%	(例)音程は…　　リズムは…
1		A	B	75%	前回の反省でもあった細かいところの音程をパート練習で何度も確認しながら歌えるようになった。その分、クレシェンドやデクレシェンド・ブレスが曖昧になってしまっているので次はそこを確認しながら歌いたい。
2		B	B	60%	パートで合わせると音程やリズムが合うが、個人で練習すると音程がわからなくなることがある。→B だから、自信を持って歌って音程やリズムを揃えていきたい。揃ったら、強弱もつけていきたい。
3		A	B	80%	前回分からなかった自分のミスにも気づけたし音程やリズムが分からなかった部分も友だちに教えてもらい改善することができた。高い音をどれだけ伸ばすかや一番と二番でどこが違うのかを知り正しいリズムや音程で歌うことができたので良かったと思う。速度を落としリズムが変わるところが難しかった。
4		B	B	55%	音程とリズムをパートの人と確認しながら歌うことができた。前回より音程はとれていたが、合わせることに必死で、ブレスやフェルマータの部分が雑になっていた。丁寧に歌えたら、聴いている人に想いが伝わると思う。

図４　振り返りをやることで次やりたいことが分かる

４．活動の様子と児童の変容

同じ「学習のめあて」を達成しようと各自やっていますが，一人一人，内容や形態が異なり，見た感じはバラバラです。これまでの一斉授業を大きく覆す学習形態ではありますが，一人一人がクローズアップされ，仲間に頼らないで自分で達成しようとする学習意欲，どうしたら達成できるのか考え実行する解決力，自分には何が必要かを気付き，発見する観察力や想像力等，これまでの一斉授業では，引き出すことが弱かった部分が解消されることにつながっていくと思われます。

教師から教えてもらうのではなく，生徒自らが「た考え→か実行→も気付き・まとめ→り振り返る」をやることで，学び育っていきます。これからは「教え育てる」から「学び育つ」へ変換していくことで，生徒自身が「自分から授業を進めた」となっていくのではないでしょうか。

執筆者　高森町立高森中学校　**早　川　眞　二**

学びの枠組みとして機能する「たかもり学習」

執筆者　東京学芸大学教職大学院　教授　堀　田　龍　也

▎1．高森町の教育課題と取組の特長を確認する

　学校教育を学校の教師だけで行う時代は過ぎ去ったと言われています。この表現は，教師が学校教育を司る中心的な存在であることは変わらないとしても，児童生徒の成長のための教育活動は，教師だけでなく，保護者，地域，場合によっては地域の外の力をも借りて行うのだという意味です。さまざまな立場のプレイヤーが学校教育に関わるとなると，教育の主体である「学校」のビジョンの明確化と，各プレイヤーとの意識のすり合わせが必要になります。公立学校の場合は，学校の設置者としての市町村の首長や教育委員会の意思が束になっていることが理想の形となります。

　高森町の学校教育は，まさに上記の形を体現しています。

　高森町の最大の課題は人口減少です。ですので，高森町の学校教育もまた，人口減少社会を生き抜く児童生徒を育てることにメインフォーカスしています。少ない人口で豊かな社会を保っていくためには，一人一人のパフォーマンスが高くなければなりません。人口が減るということは，住み直しが容易になるということであり，人口流動性が高くなりますから，住みやすい町，住んでもらえる地域になっていくことが大切であり，そんな地域の形成者を育てることが求められます。情報技術が常に進展し，グローバル化が著しく進み，人々の価値観はさらに多様化していきます。気候変動や激甚災害，近隣諸国の国際関係も微妙な今日です。激動の社会の波に乗り，波を乗り換えながら常に自己判断し，他者と協力して前進を続けていく，そんな力を育てる必要があります。

　実はこれは高森町に限らず，日本全体の課題でもあります。高森町には一足先に日本の課題が訪れたということになるでしょう。そのために，学校や行政，首長や議会，地域住民が協力し合って高森町の学校教育を成功させてきており，国内で注目されているのです。

　高森町にある3つの学校の教師は「高森町教育研究会」に所属し，町教委と連携して研修を進め，児童生徒を育てる方向を一致させています。1人1台の情報端末は積極的に家庭に持ち帰ることで，保護者の協力も得ていますし，熊本日日新聞社と連携して「高森町タブレット図書館」のアカウントを全町民に配布するなど，大人の学びと連続させています。大人も学ぶ様子を見せていくことで，児童生徒を町の社会の一員として扱っているのです。

2.「高森町新教育プラン」と，それを支えるデジタル学習基盤

　高森町では平成24（2012）年３月に「高森町新教育プラン」を策定しました。これが高森町の実質的な教育ビジョンとなっています。高森町の学校教育が向かう方向を共通理解するために重要なプランです。しかも，毎年の研究成果と児童生徒の成長を踏まえ，また国の教育政策の動向等を踏まえて，不断の見直しが行われており，令和５（2023）年４月には第４次プランへと改訂がなされています。この「新教育プラン」は，多様な要素を含んだ形で10年もの間，高森町で育つ児童生徒の将来の姿をイメージしながら，高森町のすべての教育関係者が向かうべき方向を1つにするために機能してきました。

　この「新教育プラン」は，少子高齢化を見据えた教育というだけでなく，地域を大切にするふるさと教育の視点や，今後外国との接点が多くなるであろうという観点からの国際化，高森町という自然豊かな地域の特性と民間企業等との協働の在り方などの視点が踏まえられています。そして，それらの基盤となるのが情報化です。

　「新教育プラン」を支えるためのデジタル学習基盤として，各教室等に配備された電子黒板と実物投影機，各教科のデジタル教科書があります。各教室等の Wi-Fi 環境もいち早く整備され，遠隔合同授業が実施できるようにするための Web 会議システムも導入されました。全国で GIGA スクール構想が動き出すより前に，すでに児童生徒１人１台の情報端末の導入が完了し，情報端末持ち帰りによる家庭学習も進んでいました。児童生徒だけでなく教師にも情報端末が整備され，校務支援システム等の整備も精力的に進められてきました。これらの整備は，教育委員会だけでなく，首長部局の大いなる理解があってのことです。コロナ禍によって全国で学校の臨時休業となった際にも，高森町ではいち早く児童生徒の家庭の Wi-Fi 環境を確認し，不足分を整備し，それまで重ねられてきた遠隔教育のノウハウを十分に生かしてオンライン授業を実施し，先進事例としてマスコミ等で報道されました。

　令和５年度からは，文部科学省の「リーディング DX スクール事業」の実証地域に選定されるなど，現在でも常に前進しています。そんな高森町ですから，毎年開催されている「熊本県高森町『新たな学び』研究発表会」には，全国各地から数百名の参加者があります。全国の教育関係者が注目しているのは，高森町の教育には先進性があるからです。単に ICT 活用が早かったとか，その利活用の頻度が高いというような話ではありません。地域の課題，時代を見越した社会課題を正面から受け止め，この町で育つ児童生徒にどんな資質・能力を身に付けさせていくことが彼らの Well-being につながるのかを本気で考え，町が一丸となって取り組み，人事異動があっても取り組み続け前進していることに注目しているのです。全国から有識者である大学教員や，文部科学省関係者，熊本県教育委員会等が進んで助言に来るのも，そんな高森町の先生方の真っ直ぐな姿勢に心打たれているからなのです。

　だからこそ，この形を持続可能にしていくような工夫が高森町には期待されています。

3．各事例に見る「たかもり学習」の意義

（1）「たかもり学習」が教師の授業の土壌となる

　ここで「たかもり学習」について今一度確認しておきます。

　「たかもり学習」は，「たしかにつかむ」「かんがえる」「もっとふかめる」「ふりかえる」という，１時間の授業過程としてスタートしました。本時の学習に対して明確な課題意識を持たせ，児童生徒がまずは自力で考え，それらを交流することによって学習を深めていき，最後に本時で自分達が学んだことについて振り返るというものです。このような授業過程は，教師が一方的に教える授業から脱却し，教える内容を児童生徒から見て課題解決的になるように工夫するということが前提の授業過程です。

　町に授業過程のモデルがあるということは，校種や学年，教科等に合わせながらも，原則的な授業の進め方が共通理解されることになります。自己の授業づくりを通して，授業のそれぞれの過程における工夫を意識することになります。授業研究をする際には，議論の観点として機能します。このように「たかもり学習」は教師にとって授業を考える土壌になっています。

（2）「たかもり学習」が児童生徒の学びの段取りとなる

　高森町の新教育プランの定期的な見直しに合わせ，「たかもり学習」の役割も少しずつ変化してきました。今日では町をあげて「自立した学習者」の育成を目指していますから，「たかもり学習」は教師にとっての1時間の授業過程のモデルから，児童生徒にとっての探究的に学びを進めて行く際のモデルとして移行しています。モデル図も変化しています。

　「たしかにつかむ」は，教師による工夫された課題提示だけでなく，児童生徒が自身で学ぶべき内容を把握し，１時間の授業でどこまで進めるかを見通して設定する学習活動になりました。「かんがえる」では個別に，あるいは協働で進みますが，どちらの学習形態にするかは児童生徒が自分で決定します。学んだことを整理し，議論することによって，新たな気付きを得て再度情報を収集したり，整理し直したりすることになり，自然に「もっとふかめる」になっていきます。「ふりかえる」では，学んだ内容に対する振り返りに留まらず，自分の学び方がどうだったのかについてのリフレクションが増えてきており，これが児童生徒の自己調整能力を育てることにつながっています。学習ガイドの児童生徒が授業を進行することも，学習過程を自覚しやすくしています。

　もちろん，教師の仕事が無くなるわけではありません。児童生徒が学びたくなる題材の選定は教師の大切な役割です。たとえば高森東学園の3-4年生の実践では，地域の魅力を感じるような題材を設定し，関係者と出会わせることを積極的に行っています。また，義務教育学校の特性を生かし，テーマ別の異学年グループで活動させることによって，先輩から助言を受けたり，先輩の姿に憧れて真似してみたりするように工夫しています。また，学びやすくなるような支援も大切です。高森中央小の３年生の実践では，題材の十分に触れる時間を作っていますし，５年生の実

践ではデジタルワークシートを工夫し，他者参照しやすくしています。

　また，教師の役割としてもう1つ重要なことは，児童生徒が自分で学べるようになるための「鍛え」です。そのためには，まずさまざまな学び方に触れさせることや，それが学び方として自分に身に付いているんだよということを自覚させるようにすることが大切です。次に，自分で学び方を選択させ，その方法が今回うまくいったのかどうかを振り返らせ，次に自分はどう改善すればいいかを自覚的に検討させることが必要になります。高森東学園の8年生の実践では，単にプレゼンテーションをさせるだけでなく，発表者には相手意識や目的意識を明確にさせ，聞き手には発表者の工夫を評価させ，さらに改善するための助言をさせています。

　このような鍛えを繰り返してきた教室では，自立した学びの姿が常に見られるようになりました。高森中央小の6年生の実践では，単元を見通した学習計画を児童が立て，その計画に向かって毎時間の学びのめあてと振り返りを繰り返しています。高森中3年生の実践では，生徒が学習すべき内容，方法，学習形態，時間配分を決定しています。教師から見れば，あるタイミングで生徒各自が取り組んでいることはそれぞれ異なっているため，一斉授業をしていた頃と大きく変化したことを自覚することになりますし，だからこそ「教師こそが」語ることの必要性も洗練されていくことになります。

（3）「たかもり学習」が家庭学習も支える

　新教育プランにおける「たかもり学習」が浸透し，同時に1人1台の情報端末の活用に十分に慣れている高森町では，家庭学習が充実していきました。各教科等の授業の時間は一定ですが，児童生徒はそれぞれのペースで学ぶし，時には立ち止まって悩むこともあるし，時間配分の修正も日常茶飯事になりますから，学校で完了できなかった学びの続きを家庭でやりたいと思うようになります。高森中央小の2年生の実践では，家庭での音読の練習の様子を録画してクラウドに提出させることで，友達と見合いやすくしています。高森中央小の6年生の実践では，授業で学ぶことと家庭で学ぶことを児童が区別しながら自己調整しています。

　家庭学習には，家庭の協力も必要になります。そのためには，学校で児童生徒が学ぶスキルを身に付けていること，学校がその様子を保護者に向けて発信し続けていることも奏功しています。また，情報端末を活用して学ぶことが10年近く続けられていることや，それによって家庭のWi-Fi環境も整ったことも成功の背景にありますし，クラウドで共有や参照がしやすい汎用のクラウドツールを町が選択していることも見逃してはならないことです。

　高森町における学びの改善に役立った「たかもり学習」は，押しつけられた強制的な型ではありません。学びの充実に関わる教師たち，教育委員会，保護者，地域人材，もちろん児童生徒も，みんなが目指す共通の枠組みとして機能してきましたし，そのために数年おきに改善され柔軟に運用されてきました。その柔軟さこそが高森町の教育の成功の秘訣なのだと思います。

究め・広め・未来につなぎたい，義務教育学校のメリット

熊本大学教育学部附属小学校　校長　塩　村　勝　典

　平成29（2017）年4月，高森町東部の山間地に熊本県内初の新しい学校が誕生しました。高森町立高森東学園義務教育学校（以下，東学園）です。義務教育学校が制度化され，県内で初めての義務教育学校ということで，当時，私は副校長として希望を胸にこの学校に赴任したことを思い出します。校舎の背後に雄大な阿蘇の根子岳がそびえ立つ，すばらしい自然環境の中で子ども達の教育ができるとは何と幸せなことか，その時の感動は今でもはっきりと覚えています。

　とはいえ，校種の違う教師が混在する中で職員はまとまるのか，学校運営はうまくいくのか，不安も感じていました。しかしながら，初代校長である池田功校長が掲げたキーワード「揃える」を合言葉に，それぞれの職員が同じベクトルで義務教育学校のメリットを追究し，一体感を持ってスタートを切ることができたように思います。このようにスムーズに開校できたのは，校長のリーダーシップや職員の努力はもちろんのこと，保護者や地域，高森町や町教育委員会，そして，計画的に開校の準備を進めてこられた歴代の校長をはじめ，多くの方々の努力のお陰です。開校前に旧小中学校のPTA活動を統合したり，学校行事を旧小中合同で実施したりするなど，開校に向けた歩みが少しずつ着実に進められてきた結果なのです。

　振り返ると，義務教育学校のメリットをどれだけ生かすことができたのか，私自身，反省すべき点も多くあります。しかし，そのメリットを最大限生かすことが東学園の発展につながると思っています。そのメリットの1つは，教育課程の実施における学校裁量の幅が広がったことです。後期課程（7〜9年）の教員が前期課程（1〜6年）の授業を担当することで，教科によっては教科専門の教師が授業を受け持つ，いわゆる教科担任制を前期課程でも実施できたことです。当然のことながら，専門性の高い教師が専門の教科を教えることで，質の高い学びの保障につながる可能性は大きくなります。また，ありがたいことに，旧小学校では東学園になる前から町費負担教職員の配置による複式学級の解消がなされていましたが，東学園となり，後期課程の教師が前期課程の担任をすることによって，複式学級の解消に一役買ったことの意義は大きいです。

　2つ目は，前期と後期課程の子ども達が互いの姿を日常的に見たり，ともに行動したりする機会が増えることです。このことにより，下級生は，自分も将来あのような先輩になりたいという憧れを抱き，上級生は，下級生の模範となる行動をしなければという意識の高まりや下級生への思いやりの心の醸成が期待できます。運動会や文化祭，児童生徒会活動などを通して日々成長していく子ども達の姿を見て，義務教育学校のすばらしさをひしひしと感じた次第です。また，子ども達だけでなく，教師同士も小学校と中学校文化のそれぞれの良さに気付く機会にもなります。中学校経験しかない教師は，前期課程の指導のきめ細やかさを学ぶことができ，小学校経験しかない教師は，後期課程の専門性から学ぶこともできます。互いの足りない

部分を相互に補完し合うことで，子ども理解が深まり指導力の向上につながるのです。

　3つ目は，コミュニティ・スクールによる学校運営協議会の存在です。もちろん，学校運営協議会は義務教育学校特有のものではありませんが，東学園を支える重要な組織です。幸いなことに，東学園の保護者や地域の方々は学校教育にとても熱心で，さまざまな教育活動に積極的に協力していただきました。開校に当たり，校章デザインの決定や校歌の作詞・作曲にも携わっていただきました。特に，校歌については，子ども達や職員，保護者，地域の方々に広く意見を求め，最終的に学校運営協議会で決定しました。子ども達にとって一生の思い出となり，誇りをもって後世に語り継がれていくものと信じています。ちなみに，校歌の歌詞は10㎝四方の阿蘇南郷檜の板に1文字ずつ彫刻し，その板を寄せ集めて作られています。これも，子ども達をはじめ，多くの方々の協力を得て手作りで仕上げたものです。残念ながら，年度末の私の異動に伴い，最後の完成品を見届けることはできませんでしたが，この歌詞は，現在，体育館の壁に設置されているとのこと。元気な声で，誇らしく校歌を口ずさむ子ども達の姿が目に浮かぶようです。

　これらの多くのメリットにいち早く気付き，高森町の教育に対する将来像を描いておられたのは，高森町教育委員会の佐藤増夫前教育長です。前教育長は，「ナショナルスタンダード」と「ローカル・オプティマム」に基づく明確な教育ビジョンを抱いておられました。コミュニティ・スクールを基盤とした小中一貫教育，ふるさと教育を重点施策として，ICT教育や英語教育の充実等，国の教育の動向を見据えながら，高森町ならではの教育を展開していくという考え方です。その考えが「高森町新教育プラン」に色濃く反映されており，町内全ての学校教育に根差しています。今でこそ全国的に広がっているこれらの教育内容は，高森町ではすでに平成23（2011）年度から計画的に取り入れられてきたものです。このようなことを考え合わせてみると，東学園が開校当初からスムーズにスタートできたことに合点がいくのです。

　早いもので，東学園は令和5（2023）年度で開校7年目を迎えました。学校基本調査によると，平成29（2017）年度の開校当時，全国で48校だった義務教育学校は，令和5年度現在，207校に大きく増加しています。県内でも新たに義務教育学校となった学校や今後開校予定の学校もあると聞いており，義務教育学校開設に向けた動きが広がっていることをうれしく思います。これは，とりもなおさず，義務教育学校のメリットが県内にも広く認められつつある証しだと思います。東学園の視察に訪れた人が，「義務教育学校という制度があることを知っていたなら，地元の中学校が廃校になることはなかったかもしれない」と，残念そうに私に語られたことが印象深く思い出されます。

　全国的に見ると，時代の変化とともに，これまでの義務教育6・3制では対応が難しくなっている課題も増えてきています。大げさかもしれませんが，このような時代だからこそ，小中一貫教育に一層スポットを当てた研究が必要になるのではないでしょうか。今こそ，義務教育学校のメリットをどのように追究し，広め，そして，次世代につないでいくかが，将来の日本の教育を方向付ける大きなカギになるのではないかと思います。

　これからも，東学園が未来の学校教育を導く先駆けとして，さらに充実・発展していくことを心から願っています。

第 4 章

子どもの創造性を高める
高森町の学び

（1）高森町のプログラミング教育

1．高森町のプログラミング教育について

　本町の小学校におけるプログラミング教育の研究・実践は，平成27（2015）年からすでに始まっており，中学校教師の専門性を生かし，小学校の授業づくりを支援することを目的として，兼務辞令を発令された中学校の技術科教師が小学校に出向き，T2として小学校のプログラミングの授業に参加する取組を開始しました。T1である担任の先生とT2である中学校技術科教師が協力して指導案を作成し，課題設定や評価の観点，ワークシート等について検討して授業づくりを積み重ねていきました。プログラミングの授業に自信のない先生にとって，専門性のある技術科教師にサポートしてもらうことは心強く，授業づくりの中で教師同士も活発に交流し，小中一貫教育がさらに進みました。

　そして，平成28年度から「高森ふるさと学（総合的な学習の時間）」に，小学校3・4年生は年間10時間，小学校5・6年生は年間20時間のプログラミングを中心とした課題解決学習を位置付けての研究・実践を開始しました。

　プログラミング教育を系統的，計画的に実施するために，IE-School の情報活用能力の体系表例をもとに，本町でも数年間かけて，加筆・修正を繰り返しながら小中9カ年の情報教育年間計画の作成を行いました（図1）。その中にプログラミング教育に関する内容も位置付け，

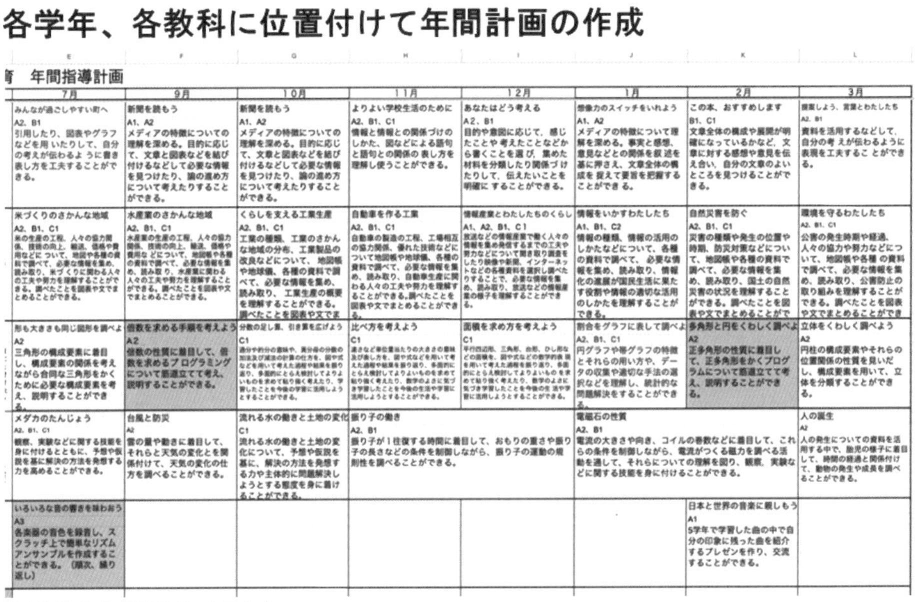

各学年、各教科に位置付けて年間計画の作成

情報教育年間計画（5年）

図1　年間指導計画の例

各学年でプログラミング教育を実施できるようにしています。

　また，小学校の学級担任が主となってプログラミング学習を実施できるよう，各教科の学びと連動させた各学年の単元計画を作成しました（図2）。

	3年	4年
	輪唱オルゴールを作って低学年に楽しんでもらおう	県の農業や工業製品、工芸品などに着目したドライブツアーマップを作成して、3年生に楽しんでもらおう
2	・1フレーズの音階と拍子を修正する ・1曲全てを完成させる	・3年時に身につけたプログラミングスキルを振り返る ・ドライブツアーのテーマを決める ・スタートからゴールに向かう車を作る
2	・カエルを複製して色や大きさ、背景を変える、楽器を変える	・コースを構想し、熊本県地図を背景に作成する ・新しいスプライト（地点）を追加する
2	・輪唱プログラムを作る ・アレンジしたいプログラムを考える	・事前にテーマに合った素材（画像）を集め、背景に追加する ・ある地点に着いたら背景が変わるプログラムを作る
2	・休符の時にスプライトを動かすプログラムを作る	・各地点の説明やガイド文を入れる。
1	・プログラム全体の不具合を修正する	・プログラム全体の不具合を修正する
1	・プログラムの説明、低学年に楽しんでもらう	・プログラムの説明、3年生に楽しんでもらう

図2　各学年の単元計画

　学習指導要領改訂のポイントとして，「情報活用能力」が「言語能力」や「問題発見・解決能力」とともに，学習の基盤として重要な資質・能力と位置付けられました。本町では，資料活用や作品制作，プレゼンテーションやプログラミング等，日常的な活用を通して，情報活用能力の育成を図っています。

　小学校で身に付けた基本的な能力をもとにして，中学校ではより発展的な実践を展開しています。例えば，校内ネットワークやマイコンボードを活用したプログラミング学習では，生物育成の内容で生まれた課題を情報技術で解決するために自動灌水システムを開発するといった統合的な学習にも取り組んでいます（図3）。

図3　自動灌水システム開発

2．プログラミング親子セミナーの開催

平成29（2017）年度，プログラミング教育の内容や必要性を保護者や地域の方に知らせることを目的として，県内の小中学生を対象とした「プログラミング教育親子セミナー」を開催しました。協賛企業と町内の教師で児童生徒の発達段階や興味・関心に応じた4つのブースを設置し，親子でプログラミングを体験してもらいました。

令和元（2019）年度には「高森町情報活用親子セミナー」と名称を変更し，町内の中学校を会場にして，子ども達や保護者，地域の方々が参加できるワークショップを休日に開催しました。

低学年コースではPETSを活用して，障害物をよけながら目的地を目指すプログラムを考えました。異学年の友達と交流をしながら試行錯誤をして課題を解決しようとする姿が見られました。

高学年コースではMESHを活用して，身の回りの生活をより良くする製品を考えました。考えたプログラムを実際に動かしながら，全体に発表を行いました。

子ども達だけでなく，多くの保護者も参加し，プログラミング教育について家庭や地域に啓発する機会になりました。また，町をあげてプログラミング教育に取り組み，町内3校の教職員が協力をして企画・運営を行ったことで，プログラミングに苦手意識を持っていた教師のプログラミングに対する意識を大きく変えることができました。

図4　親子でプログラミング体験

低学年コース（PETS）

図5　目的地を目指すプログラムを考える

高学年コース（MESH）

図6　考えたプログラムの説明

3．外部専門家等を活用したプログラミング教育

プログラミング教育においても，専門機関と連携した授業実践に取り組んでいます。

学年	教科	単元名	外部専門家等	タイプ
3年	総合	プログラミング	高森中学校技術科教師	講義・体験型
5年 6年	総合	プログラミング	鹿児島大学	講義・質問型
中3	技術	ロケットに使われている プログラミング	JAXA	合同授業・発表・助言型
中3	技術	ぶつからない車の仕組み	自動車販売店	発表・助言型

　大学生による遠隔での授業支援では，micro:bit の活用経験のない教師のクラスにおいて，

大学の講義で micro:bit を使ったプログラミングの知識・技能を身に付けた学生に，始めは講義形式で指導してもらい，ペアやグループでのプログラム作成段階では，グループ別に複数回線接続して，プログラムの助言や評価をもらいながら，プログラムを完成させていく活動を行いました。大学生による遠隔支援は，授業のみならず長期休業中の家庭学習でも数回実施しました。

図7　大学生による遠隔での授業支援の様子

執筆者　高森町教育委員会事務局　石　井　佑　介

（2）プログラミング教育の事例

①「福祉」〜身近な生活の問題をプログラミングで解決！〜

┃ 1．校種・学年・教科等

小学校・4年・高森ふるさと学

┃ 2．実践のポイント

　地域にある福祉施設を見学し，さまざまな設備を見て生まれた疑問から課題を設定します。自動化された設備のプログラムについて考えたり，生活に役立つプログラムを作ったりすることを通して，生活場面でのコンピュータ活用や問題解決での手順に気付き，論理的に考える力を高めることをねらいとしました。

┃ 3．事例の紹介

　まず，児童は高森町にあるさまざまな施設について，「どんな施設があるかな？」と考えました。体育館，高森駅，交流センター等，児童が利用した経験が多い施設が挙がりますが，特別養護老人ホーム「ひめゆり」という施設については，どのような施設か知らない児童が多かったです。「ひめゆり」は福祉施設です。「福祉」とは，安心や幸福な生活環境をつくることだということを知った児童は，「福祉について学び，これからの自分にできることを見つけよう」という学習課題を設定しました。

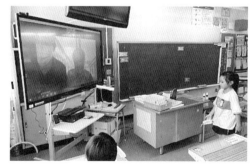

　コロナ禍で高齢者の施設を大人数で訪問することが難しく，「ひめゆり」の見学に行くことができなかったため，Web会議システムを使用し，職員の方と利用者の方にインタビューを行いました（図1）。その中で職員の方が「利用者の方が施設を勝手に出て行ったり，寝ている間にベッドから落ちたりしないかが心配ですが，最近は技術が発達し，さまざまなセンサーがそれを防いでくれるので，

図1　福祉施設にオンラインでインタビュー

助かっています」と話されました。児童の興味は，センサーに傾いていきました。

　担任が「ひめゆり」を訪問し，センサーで設備が動作する様子を動画で撮影しました。①ボタンで開く自動ドア，②前を通ると音で知らせる機械，③ボタンを押すと上下動する浴槽，

④体重がかかると職員のPCに通知が届くマット
など，たくさんの設備がありました。児童に動画
を見せると，驚きの声を上げ，センサーへの興味
や探究心が高まっていきました。福祉施設以外で
も，センサーは身の回りでたくさん使われている
ことに気付きました。

図2　プログラムを作成する児童

　次に，MESHというアプリケーションを使い，
センサーを使ったアイデアをプログラミングし
ました。まず，MESHの基本的な操作を学びま
した。次に，タイマータグとカメラタグを使って，
時間になったら写真を撮影するようプログラム
しました。次に，動きブロックをさまざまな向き
に傾けることで，「ドレミファソラシ」の音が出
るようプログラムしました（図2・3）。次に，

図3　プログラムのエラーを協働して解決する児童

教師が示したプログラムの例を見て，生活の中で
どのように役立つプログラムなのか考えました。1つのセンサーを使って，生活に役立つプログ
ラムを考えました。最後に，2つのセンサーを使って，生活に役立つプログラムを考えました。

　学習のまとめとして，グループごとに作成した生活で役立つプログラムを生かし，「転入生のごん
ぎつねが学校で困ることを，MESHで解決する」という設定の劇を作り，学習発表会で発表しました。

4．活動の様子と児童の変容

　児童は，自分がプログラム（指示）したこと
が実現したり，自動化したりすることにおもし
ろさや喜びを感じ，意欲的に活動していました。
ただプログラミングを楽しむだけでなく，「福
祉」という視点が入ったことで，「どうすれば
生活に役立つプログラムを作ることができるの

図4　学習発表会での発表

か」と思考を働かせながら活動していました。さまざまな種類のタグやブロックを使い，試行
錯誤し，うまくいかないときは友達と協働しながら学びを深めていく様子が見られました。

　学習発表会では，活用場面を分かりやすくまとめ，保護者や他学年に生活に役立つプログラ
ムの良さを伝えることができました（図4）。

執筆者　高森町立高森中央小学校　大　津　　遼

②輪唱オルゴールをプログラムで作ろう！

1．校種・学年・教科等

義務教育学校・3年・高森ふるさと学（総合的な学習の時間）

2．実践のポイント

　3年生音楽科「音の重なりをかんじて合わせよう」の単元を学習後に，高森ふるさと学（総合的な学習の時間）において，プログラミングソフト Scratch を活用した輪唱プログラムの作成を行いました。児童が「できない」から「できた」に変わっていく過程をスモールステップで感じられる単元計画を立てるとともに，次の学習へと自身の学びを調整できるように振り返りシートを作成しました。

3．事例の紹介

（1）興味を引き出す単元計画およびデジタル学習シートの作成

　単元名を「輪唱オルゴールをプログラムで作ろう！」とし，第2学年で既習の児童にとっては馴染みのある「かえるのうた」の輪唱プログラムを Scratch で作成していきました。

　児童が1時間の学習を振り返り，気付きや新たな疑問を次の学習へとつなげるためのデジタル学習シートを作成しました。

（2）音ブロックの使い方の確認

　まずデジタル教科書を用いて輪唱について振り返り，輪唱オルゴールを作成する上で必要な音ブロックの使い方を図1のスライドで確認しました。

（3）プログラミングでの曲作り

　次に児童は音ブロックをつなぎ合わせ曲作りを行いました。ここでは音を鳴らす長さを表す単位として「拍」があることをおさえました。児童は自身が作成したプログラムを再生し，「かえるのうた」の音階と聴き比べることで作成中のプログラムが正しいのかを確認し，音階と異なる場合にはどこが違うのかを1つ1つブロックを見て考え，修正を行いました。拍の意味について理解できていない児童も0.5拍や1拍と数

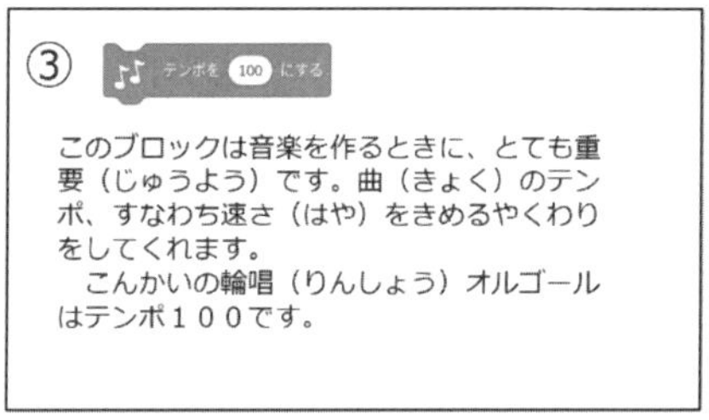

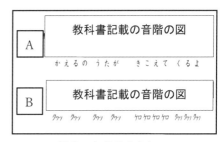

図1　説明スライド

図2　かえるのうた

106

字を変えることで1拍の長さは1秒と同じだということととらえ，「かえるのうた」の図2のAからBのフレーズを作成する場面でつまずく児童は，1人で考えて分からない場合は他の児童のプログラムを見たり，「ここのリズムがおかしいんだけど，どうしたらいいかな」と質問したりして解決していきました。

（4）輪唱プログラムの作成

輪唱プログラムを作成するために，「かえるのうた」のプログラムのモデルを示し，輪唱するためにはどのようなタイミングで音を重ねていけばよいのかを検討した後，プログラムを組んで試行することを繰り返して輪唱プログラムを作成していきました。

（5）オリジナル輪唱プログラムの作成

自由にプログラムを作成することができるように，かえるの動かし方や見た目の変え方，音に合わせてかえるがジャンプするプログラムの作成の仕方を電子黒板でプログラムを示し，児童に考えさせながら確認しました。子ども達が自身の作りたいものを思い通りに表現できる環境を作り，単元計画を立てることで，曲の途中から背景が変わるプログラムを作成する児童もいれば，別の曲で輪唱プログラムを作成する児童もいました。児童が作成したプログラムを図3に示します。

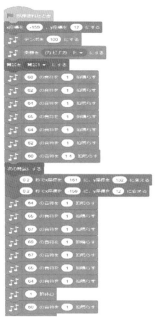

図3　児童が作成したプログラム

4．活動の様子と児童の変容

単元を通しての振り返りでは学習シートに「まずやってみて，分からない時には友達に聞くことでプログラムを作成することができた」や「ほかの曲でオルゴールを作ってみたい」と書いていました。自身で作成したプログラムが「音」や「動き」として表現されることで，思考を可視化し，できる喜びを感じている児童の姿が見られました。

図4　プログラミングの様子

Scratchを活用した輪唱づくりを通して，どの順番でブロックを組んでいけばよいのか考えることで，自分の頭で思っていることを整理していました。また，プログラミングの中でエラーが出た時に，自分のプログラムの何が問題なのかを確認し，どうすれば解決することができるのかを粘り強く取り組む力が少しずつ身に付いていきました。

執筆者　高森町立高森東学園義務教育学校　津田　歩・坂田　美保

③情報技術でより良い未来へ

┃ 1．校種・学年・教科等

小学校・5年・高森ふるさと学

┃ 2．実践のポイント

　情報技術と生活との関係を考えるなど，情報に関する課題についての探究的な学習を進める中で，その良さに気付き，ものづくりを支える人との関わりから，ものづくりの魅力や自分らしい生活について考えることを目指しました。

┃ 3．事例の紹介

　プログラミングによるものづくりについて知ることで，人によって作られたものが生活にどのような豊かさを与えているのかを考え，ものづくりの魅力や苦労，携わっている方の思いを通して，自己の生き方についての考えを深める児童の姿を期待し，単元を計画しました。
　まず，導入では，身の回りを良くしているもの（情報技術を活用しているもの）と，その印象について交流する活動・介護用ロボットの動画を見て，これからの情報技術は，どんな社会を作るのかを予想する活動を行いました。そして，プログラミングが活用された電化製品（そうじロボット）を見て，プログラミングを予想したり製品を作った目的や製作者の思いを考えたりする活動を行いました。展開では，プログラミング教材（Root）の使い方の確認・ワークシートにフローチャートを書きながら，考え（ロボットの動き）をまとめる活動・プログラミング教材（Root）を使って，教室を掃除するロボットのプログラムを検討し，プログラムと動きについて説明する活動・プログラミング教材（Root）を使って，ほかにどのようなことができそうかアイデアを検討し，全体で共有する活動・グループでプログラミングしたい製品を決定し，実現可能か検討する活動・ワークシートに考えをまとめ，プログラミング教材（Root）を使って，実際の動きを検討する活動・他学級からのアドバイスを受け，プログラムを修正し，修正したプログラムを発表する活動・アイロボット社の方から，作成したプログラムへの評価（今回の取組に対しての評価），プログラムに込めた思いや製品に込めた願いを聞く活動・アイロボット社の方の話を聞いての感想（自分の生活と重ねたこと，考えが変わったこと，ものづくりに対する思い等）をまとめる活動を行いました。
　終末では，発信する方法（新聞，プレゼンテーション等）を協議した後，学習したことを整理し，発信する活動を行いました。アイロボット社の方から，プログラムへの評価や，製品に

込めた思いを聞いたことで，自分たちの取組の良さにも気付きました。

4．活動の様子と児童の変容

　図1は，プログラミング教材（Root）を使って，日常生活をより良くするための製品のプログラムを考えた際の板書です。3名がプログラマー・プレゼンター・リサーチャーの役割を担って，新しい製品作りにチャレンジしました。

図1　5時間目（13時間扱い）の板書

　図2は，各グループで，日常生活をより良くするための製品を考えた際のワークシートです。目の不自由な人を道案内するロボット・気持ち良く眠るための寝室用ライト・音楽を鳴らしながら10分間で黒板を掃除するロボット・音や光で知らせるキッチンタイマー・お絵描きロボットのアイデアが出されました。

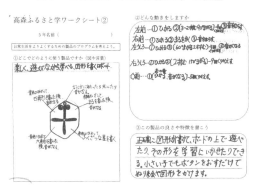

図2　ワークシート
（日常をよりよくするための製品）

　図3は，ゲストティーチャーとして授業の中でプログラミングにより製品化されたものに込められた作り手の思いを話されるアイロボット社の方々です。「良い製品を作るには，人の役に立つことを考える」「今の時代は，どこに住んでいても一緒に働くことができる」「未来に夢を実現できる社会にしましょう」の言葉を聞いた児童からは，「プログラミングは，人の役に立つことだと分かった」「未来のロボットがたくさんいる世界は，人々の暮らしを豊かにすることがわかった」「初めに見た介護ロボット

図3　製品に込めた思いを話される
アイロボット社の方

をこわいと感じたけれど，人を楽にするために思いを込めて作られたと知って，こわくなくなった」等の，感想が多く出されました。

　プログラミングによるものづくりを知り，情報技術でよりよい未来を作りたいと思い始めた児童の思いが込められた新聞は，学校ホームページや学習発表会での掲示等で広く発信しました。

執筆者　高森町立高森中央小学校　本　田　こずえ

④誰でもリズムを作ってアンサンブル

1．校種・学年・教科等

小学校・6年・音楽

2．実践のポイント

　音楽が苦手な児童はとても多いです。楽器を演奏したり，楽譜を見て歌ったりと苦手な児童にとってはハードルの高い教科でもあります。そのような中で，リズムを作り，数名のグループでアンサンブル演奏を行うことは非常に難しい課題であり，学習に対する興味・関心が高まらないことがよくあります。

　そこで，楽器によるアンサンブル演奏を行う前に，Scratchで作成したプログラミングコンテンツを活用して自分の奏でるリズムを確認し，個人練習を行うようにしました。

　また，コンテンツを改良し，複数のリズムの重なりを確認できるようにしたことで，グループで練習を行う際に，アンサンブル演奏の具体的なイメージを持たせるようにしました。

　コンテンツを活用したことで，リズムを掴むことが苦手な児童であっても，奏でるリズムの修正が容易であり，表現したい音やリズムに近づけていくことが可能になるようにしました。

3．事例の紹介

　授業開始時，まずは児童（学習ガイド）が中心となり，前時の復習及び本時の学習のめあての確認を行いました。

　次に，児童は学習用端末を使ってScratchで作成したプログラミングコンテンツを操作し，教師から提示されたリズムの組み合わせを個人で考えました。図1は，児童が操作するプログラミングコンテンツの画面です。児童は自分の演奏する楽器を選択し，音符キーをタッチすることで，簡単にリズム（教科書に提示されている音符の組合せ）を作成することができます。「風まる」（高森

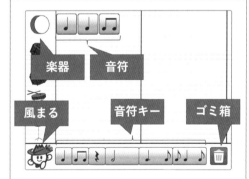

図1　コンテンツの画面

町のマスコットキャラクター）を押すことで，作成したリズムが自動演奏され，楽器の演奏やリズム作りが苦手な児童も，リズムを確認しながら学ぶことができるようにしました。

　次に，個人で考えたリズムの組み合わせ，アンサンブル演奏の練習をしました。ここでも，

プログラミングコンテンツを活用します。このプログラミングコンテンツは，図2のように最大5つの楽器によるリズムを設定することが可能です。個人で作ったリズムをグループで組み合わせ，自動演奏させることで，リズムの重なりや全体的な演奏のイメージなどをグループ内で簡単に共有できました。

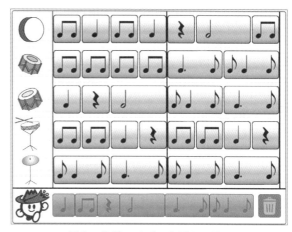

図2　複数のリズムを重ねた画面

　最後に，グループで考えたリズムを，実際に楽器を使って練習しました。児童は，何度もプログラミングコンテンツでリズムを確認しながら，アンサンブル演奏を仕上げていきました。授業終末に中間発表会を開くことで，各グループが考えたリズムを聞き合い，お互いの演奏の良かった点などを発表させました。

4．活動の様子と児童の変容

　クラスの実態として，楽器の演奏への抵抗感から音楽が苦手だと考える児童が多く，このリズムアンサンブルの授業も学習内容の習得ができるか心配していました。しかし，実際に授業を行ってみると，1人1台の学習用端末を積極的に活用し，自分のリズムを積極的に作成する様子が見られました。

図3　個人でリズムを作成

　図3のように，個人でリズムを作り上げる活動の場面では，音楽が苦手な児童も，自動演奏を何度も聞くなど試行錯誤しながらイメージ通りのリズムを作成することができました。

　また，図4のように，グループで個人の作成したリズムを共有する場面では，リズムの重なりを意識しながら友達と練習する活動が多く見られました。

　単元終末のクラス発表会では，どの班も一人一人のリズムが重なったすばらしいアンサンブルを奏でることができました。

図4　グループでリズムを確認

執筆者　阿蘇市立一の宮小学校［高森町立高森中央小学校］　**城　井　順　一**

⑤スマート農業の開発者になろう

1．校種・学年・教科等

中学校・2年・技術，家庭科（技術分野）

2．実践のポイント

　学習の基盤となる資質能力の1つである問題発見・解決能力の育成をねらいとし，技術分野における内容D「情報の技術」での「双方向性のあるプログラミング」および「計測・制御によるプログラミング」を技術分野だけでなく，総合的な学習と連動させる教科等横断的な視点に立ち，プログラミングのカリキュラムの作成および教材・教具の開発を行いました。

3．事例の紹介

（1）カリキュラムおよび教材・教具の開発

　単元を通した学習課題を「スマート農業の開発者になろう」と設定し，授業をスタートしました。今回の実践では，①水分センサーを活用した遠隔灌水機（以下，灌水機と記述）と②気温センサーを活用した空調機（以下，空調機と記述）のモデルの作成を試みました。作成にあたり，プログラミングソフト及びマイコンボードは小学校でも使用している micro:bit を使用しました。図1は開発した教具とその周辺の接続機器です。micro:bit は Bluetooth により2台間で双方向性のある通信ができます。それを利用し，2台の micro:bit で情報の送受信をさせながらプログラムの作成を進めました。

図1　開発した教具（周辺装置）

（2）スマート農業システムの構想

　灌水機と空調機のモデルを提示し，どんなプログラムが組まれているのかを予想を立て，アクティビティ

図2　アクティビティ図の作成

図などを活用し，情報の流れが分かるように，矢印や記号などを用いて表現させました（図2）。

（3）スマート農業システムのプログラム作成

　構想したスマート農業システムを実現するために，生徒は水分センサーや気温センサーの値を実測しながら，プログラムの作成を行いました（図3）。センサーの値は micro:bit のアプ

リケーション上で，グラフとして表示されるので，表示されたグラフを元にしながら，どのタイミングでポンプや扇風機を作動させればいいのかを検討し，動作テストを繰り返しながらプログラムを作成しました（図4）。

図3　プログラムの動作テストをする様子

図4　グラフから情報を読み取る様子

┃ 4．活動の様子と児童の変容

　技術分野と総合的な学習の時間の内容を連動させたカリキュラムを実践することで，プログラムを作成するための思考力が育成されるとともに，生徒の問題発見・解決能力の育成に効果的であることが分かりました。灌水機や空調機のプログラムを考える学習活動が生徒にとって課題を発見しやすい内容だったからだと考えられます。また，プログラムの作成では試行錯誤を重ね，何度も取り組む姿が見られ，粘り強く取り組むことができていました。情報の技術において，プログラムやネットワークについて学習することが生活に役立つと考えている生徒の割合が増加したことが振り返りの結果からうかがえました。

　生徒の思考の変容を調査するために，2台のmicro:bitのプログラムの流れをアクティビティ図などで表現するレポートを作成させました（図5）。その結果，プログラムの表現については，授業前の段階では，順次処理で表現していた生徒が76.9％，反復処理を使用して表現している生徒が26.9％，条件分岐処

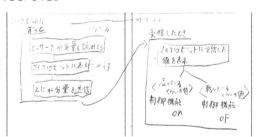

図5　生徒が記入したレポート

理を使用して表現している生徒が26.9％でした。授業後には，順次処理で表現していた生徒が100％，反復処理を使用して表現している生徒が73.1％，条件分岐処理を使用して表現している生徒が92.3％でした。また，条件分岐処理を使用している生徒は反復処理も併用しており，情報がより整理されている傾向が見受けられました。このことから，今回の実践が技術分野における思考力の育成に有効であることが分かりました。

執筆者　菊池市立菊池南中学校［高森町立高森中学校］　**猿　渡　裕　幸**

⑥学習者主体の学びによる情報活用能力の育成

▌１．校種・学年・教科等

義務教育学校・7年・社会

▌２．実践のポイント

　コロナ禍以前，自身の社会科の授業では，教師が板書をする時間，それを生徒がノートに書き写す時間が多くを占めており，教師主導の一斉授業が主で展開されていました。コロナ禍におけるオンライン授業を契機として，より学習者主体の学びを実現するために以下の目的とねらいにおいてICTを活用しました。

　①毎時間のワークシートをデジタルシートにすることで生徒が学習者用デジタル教科書等から必要な情報を選択活用し，課題解決に向けて主体的にまとめていけるようにする。

　②学びの見通しをもたせ，学びの経過を蓄積する単元を通したデジタルポートフォリオを作成し，毎時間の課題解決や単元のゴールに向け，主体的な活用を図る。

　③プログラミング学習と社会科での学びを連動させたプレゼンテーションを行うことで主体的な情報発信の場を設定し，情報活用能力の育成を図る。

▌３．事例の紹介

（1）単元の導入

　生徒が単元のゴールに向けて見通しをもって学びを進めていくためにGoogle Jamboardをデジタルポートフォリオとして活用しました。世界のさまざまな地域の写真資料を貼付して示し，地域によって衣食住などの人々の暮らしの様子が違うことをとらえさせました。そこから「人々の暮らしはなぜ場所によって異なるのか」という探究課題を設定し，単元のゴールとして「世界一周旅行を企画しプレゼンする」ことを位置付け，学びの動機付けを行いました。単元のゴールに向けてペアで3つのグループをつくり，協働してデジタルポートフォリオを作成していくことを確認しました。

（2）単元の展開

　毎時間の導入では，デジタルポートフォリオに貼付した気候分布図をもとに問いを生み出し，本時の課題を設定しました。展開前段では，前時と本時の気候帯の自然環境や人々の暮らしを比較しながら調査し，デジタルシート上の表にまとめました。展開後段では自然環境に適応して生きる人々の衣食住を柱とした暮らしの工夫について考察し，デジタルシートに資料と言葉で整理しました。その際，生徒たちは学習者用デジタル教科書や資料集，インターネットを使って調べながら，課題解決に向けて必要な写真や図などの資料をデジタルシートに貼付し，整理しました（図1）。そのデジタルシートをもとに考察したことを全体で共有しました。終末場面では，本時の学習をもとに「世界一周旅行の企画」に向けて，ペアで紹介したい気候帯地域の魅力的な暮らしについて必要な資料をデジタルシートからデジタルポートフォリオに貼付し，企画を構想する資料として整理しました。また，各グループでまとめたデジタルシートから，自然環境や暮らしについて教師が表に整理し，デジタルポートフォリオ上にある各気候

帯の分布図に貼付しました。この手立てを行うことで，生徒が各気候帯の地域の気候分布や暮らしと比較しながら考察・構想しやすくなることをねらいとしました。

（3）単元の終末

単元の終末では，ペアで構想した「世界一周旅行の企画」についてプレゼンテーションを行うことで学習をまとめました。「世界一周旅行」を企画する上で必要な情報は，デジタルポートフォリオに整理されており，スムーズに企画を構想することができました。プレゼンテーション資料を作成する場面では本校4年生がプログラミング学習の際にScratchで作成した県内の観光地を巡るプログラム「ドライブツアーマップ」を作り変えて活用しました。このプログラムは，あるポイントに触れると説明スライドが表示されるというプログラムで，それをもとに世界各地の地域を巡る「世界一周旅行」プログラムを作成しました（図2）。プレゼンテーションに向けて単なるスライド作成ではなく，これまでのプログラミング学習の積み重ねをもとに，創意工夫しながら，プレゼンテーション資料を完成させました。

完成したプレゼンテーション資料をもとに，「世界一周旅行の企画」を3つのグループがプレゼンテーションを行いました（図3）。プレゼンテーションの様子を動画で撮影し，校内限定のYouTube™に動画をアップし，他学年の生徒や教師にも見てもらい，コメントをもらう取組を行いました。その際，9年生は憲法の学習における「表現の自由」の学習と結び付け，Netモラル教材を活用し，不適切な書き込みがもたらす影響を考えさせ，ネット上にコメントをかく際のモラルの育成を図りました。

図1　デジタルシートに整理

図2　Scratchを用いてプログラムを作成

図3　「世界一周旅行企画」のプレゼン

4．活動の様子と生徒の変容

学習者主体のICT活用を図った社会科の授業実践により，教室での学びが家庭学習や他教科，他学年とのつながりをもたらしました。クラウドを活用することで，デジタルシートの編集やプレゼン発表に向けたプログラミングなど家庭で主体的に学習してくるなど学び方に変容が見られました。また，教科書や資料集，インターネット等複数の媒体から主体的に資料を収集しそれらをもとに考察を深める姿が見られました。さらに，社会科で身に付けた情報活用スキルは他教科でも生かされるようになりました。学習後の7年生の生徒の感想では「友達と一緒に学習する時間が増えたのでおもしろかった」「自分たちオリジナルのプレゼンがとても気に入った」「プレゼンを見てもらい，コメントをもらえてうれしかった。次はもっといい企画やプレゼンができるようにがんばりたい」など学習に対する前向きな言葉が見られました。

執筆者　高森町立高森東学園義務教育学校　北　　　慎一郎

高森町のプログラミング教育の要点整理

執筆者　中村学園大学教育学部　教授　山　本　朋　弘

1．高森町のプログラミング教育の特長

　高森町のプログラミング教育では，平成29（2017）年頃からスタートしており，小中学校において系統的に取組が進められています。その取組の方向性は，まずは子ども達の「プログラミング的思考」を育むこと，そして，コンピュータ等を上手に活用して身近な問題を解決したり，より良い社会を築いたりしようとする態度を育むことです。そして，また，情報教育の目標達成だけでなく，各教科等の内容を指導する中で実施する場合には，各教科等での学びをより確実なものとすることを目指しており，小学校から中学校で系統的に実践されている点に注目できます。

　特に，「プログラミング的思考」の育成を中心的な内容として，各学年に応じた授業実践を進めてきており，思考力，判断力，表現力等を育む中に，「プログラミング的思考」の育成につながるプログラミング体験を計画的に位置付けています。

2．学習活動の分類

　プログラミング教育は，教育課程内外のさまざまな場面で実施することが考えられます。「プログラミング教育の手引」では，下枠の内容が示されており，その示された指導例を参考として，各学校において工夫して多様な場面で適切に取り入れていくことが望まれます。高森町では，子ども達の実態や発達段階に応じて，以下のＡ：学習指導要領に例示されている単元等だけにとどまるのではなく，Ｂ：例示されていないが各教科等の内容で指導する内容や，Ｃ：各学校での裁量によって実施される内容，教育課程以外のＥやＦにおいても幅広く実践が展開されています。

教育課程内のプログラミング教育
Ａ：学習指導要領に例示されている単元等で実施するもの
Ｂ：学習指導要領に例示されてはいないが，学習指導要領に示される各教科等の内容を指導する中で実施するもの
Ｃ：各学校の裁量により実施するもの
（Ａ，Ｂ，Ｄ以外で，教育課程内で実施するもの）
Ｄ：クラブ活動など，特定の児童を対象として，教育課程内で実施するもの
教育課程外のプログラミング教育
Ｅ：学校を会場とするが，教育課程外のもの
Ｆ：学校外でのプログラミングの学習機会

3．高森町の授業実践のポイント

　本書で紹介された高森町の授業事例は，決して先駆的な事例ではなく，他校でも実際に取り組んでいく上で参考になる事例です。高森町のプログラミング教育の事例について，それらの特徴や実践のポイントを以下にまとめてみました。

①小学校第4学年の福祉での実践事例

　低学年でのプログラミング授業では，「福祉」といった身近な生活の問題を取り上げて，高森町にある福祉施設を見学して，その場で感じたことや考えたことからから課題を設定し，探究的な学びを進めています。自動化された設備のプログラムについて考えたり，生活に役立つプログラムを作ったりすることを通して，生活場面でのコンピュータ活用や問題解決での手順に気付き，論理的に考える力を高めるようにしています。センサー教材であるMESHを活用して，センサーを使ったアイデアをプログラミングして表現し，グループごとに作成した生活で役立つプログラムを生かし，学習発表会で劇にして発表するといった発信型の授業を展開しています。

②小学校第3学年の音楽での実践事例

　第3学年の音楽科「音の重なりをかんじて合わせよう」の単元では，学習後に高森ふるさと学（総合的な学習の時間）においてプログラミングソフトScratchを活用した授業を行いました。子ども自身で作成したプログラムが「音」や「動き」として表現されることで，思考を可視化し，できる喜びを感じている児童の姿が見られました。プログラミングの中でエラーが出た時に，どうすれば解決することができるのかを粘り強く取り組む力が身についてきたことはプログラミング教育の成果だと言えます。

③小学校第5学年お掃除ロボットでの実践事例

　第5学年の総合的な学習の時間では，ものづくりの専門家と連携した授業を展開して，児童がプログラミングによるものづくりについて知ることで，新しい技術が生活にどのような豊かさを与えているのかを考えさせるように工夫されています。アイロボット社の方から，プログラムへの評価を聞いたり，製品に込めた思いを聞いたりしたことで，自分達の取組の良さにも気付くことができました。お掃除ロボットというテーマから，ものづくりの魅力や苦労，ものづくりに携わっている方の思いを通して，自己の生き方についての考えを深める児童の姿が見えてきています。

④小学校第6学年の音楽での実践事例

　第6学年音楽でのプログラミング授業では，楽器によるアンサンブル演奏を行う前に，Scratchで作成したプログラミングコンテンツを活用して自分の奏でるリズムを確認し，個人練習を行うように工夫されています。使用するコンテンツを改良して，複数のリズムの重なりを確認できるようにしたことで，グループで練習を行う際に，アンサンブル演奏の具体的なイ

メージを持たせることが可能となりました。自分たちに合ったコンテンツを活用したことで，リズムをつかむことが苦手な児童であっても，奏でるリズムの修正が容易であり，表現したい音やリズムに近づけていくことが可能になっています。

⑤中学校第2学年技術の実践事例

　高森中学校の技術の授業では，「スマート農業の開発者になろう」というテーマで，生徒が主体となった課題解決の学習が展開されています。単元を見通した学習課題を設定し，水分センサーを用いた遠隔灌水機のモデルの制作に取り組んでいます。小学校で活用していたマイコンボードmicro:bit を用いた学習を発展させています。2台の micro:bit で情報の送受信をさせるといった高度な内容を扱いながらも，生徒自らが考えていく活動が進められています。制作にあたっては，アクティビティ図などを用いて図式化しながら，プログラミング的思考を発揮できるような支援が行われています。

⑥中学校第1学年社会での実践事例

　中学校社会科の授業では，単元のミッションとして，「世界一周旅行を企画しプレゼンする」ことを位置付けた課題解決型の学習が展開されています。生徒達は，デジタルツールとして，学習者用デジタル教科書やインターネットを使って調べながら，必要な写真や図などの資料をデジタルシートに貼付し，整理して，グループで協働しながら，デジタルポートフォリオを完成させていきました。最終段階では，これまでのプログラミング学習の経験を生かす学習が組み込まれていて，プレゼンテーション資料の完成につなげています。

▌ 4．まとめ

　上記の事例以外にも，高森町で数多くの実践が取り組まれており，プログラミング教育での試行錯誤を経て，現在の充実した実践が構築されています。高森町の教師集団は実際にプログラミングを自ら経験して，プログラミング的思考がこれから重要であることを肌感覚で感じ取っています。その上で，教師集団が協力しながら，題材化や教材化を一緒に考え，プログラミング教育の環境を構築しています。高森町のプログラミング教育は，以下のような点で整理することができます。今後，高森町のプログラミング教育において，より多くの好事例が生み出されていくことを期待しています。

○学習指導要領に例示された内容以外にも注目して，幅広い領域で教科等横断的に学習活動を位置付けている。
○課題解決型の学習活動にプログラミングが位置付けられていて，児童生徒が主体的に学習していくプロセスを重視している。
○プログラミング的思考をどのように高めるかを学校や地域全体で検討して，全ての教員が関わることで共通で理解し共通で行動している。

【参考文献】
・「小学校プログラミング教育に関する手引（第三版）」（令和2年3月文部科学省）

第 5 章

子どもの
コミュニケーション力を高める
高森町の学び

（1）熊本県高森町の遠隔教育の経緯

1．はじめに

　令和元（2019）年度，世界各地で爆発的に感染が拡大し，経済活動を長期的に滞らせた新型コロナウイルス。日本でも令和2年2月中旬からの感染拡大を受けて，5月末まで学校の臨時休校を余儀なくされました。各学校は未履修教科や本年度からの新規学習内容をどのようにして履修させていくのか悩まされました。

　文部科学省は令和2年4月中旬，新型コロナウイルスの感染拡大の影響で公立学校を休校にしている自治体を対象に，家庭学習の指導法などについて調査した結果を発表しました。その結果，教師と子ども達がやりとりできる「同時双方向型」のオンライン指導（以下，オンライン授業）に取り組むと回答したのは全体の5％にとどまったことが明らかになりました。

　高森町では，平成27（2015）年度から令和2（2020）年度までの6年間，文部科学省指定事業を受け，学校間や外部専門施設等とのオンライン授業の研究・実践を行ってきました。平成29年度には，研究・実践の成果物として，「高森町発信！　ICTを活用した遠隔合同授業実践ガイド」を作成しました。

　また，本町は平成30（2018）年度には1人1台のタブレット端末整備が完了しており，子ども達がタブレット端末を持ち帰り，家庭学習に生かす実践を積み上げてきました。

　その継続的な取組によって，コロナ禍における対策として有効な手立てとなっており，令和2（2020）年2月から臨時休業中のオンライン教育を計画的・継続的に実施することができました。

図1　高森町発信！　ICTを活用した遠隔合同授業実践ガイド

2．コロナ禍における遠隔教育の実際

（1）実施に至るまでの準備・研修

　令和2（2020）年2月末から臨時休業になってからの，本町の町長や教育長の決断は速く，家庭からWeb会議等のオンライン教育を受けることが可能なのか，即座に調査を行いました。そして，Wi-Fi環境のない家庭に対して，町負担で光回線の敷設やWi-Fiルータの提供などを

支援し，全家庭から，オンライン教育を受けることのできる環境整備が進められました。Wi-Fiの接続方法が分からない家庭への対策として，説明手順が分かるプリントを配布して接続していただきました。接続サポートが必要な家庭に対しては，家庭訪問をして環境を整備しました。

学校現場では，オンライン教育の実施可能なアプリ等を子ども達や教師に説明するとともに，ICT支援員のサポートを受けながらタブレット端末の環境整備を進め，1人1台のタブレット端末を全ての子どもに持ち帰らせて，3月20日から全学年でオンライン授業を開始しました。

表1は，オンライン教育で活用したシステムの一覧です。本校では全学年共通の学習支援ソフト（ラインズeライブラリ）が導入されており，臨時休業中の積極的活用を図りました。動画配信は，年度初めに小学校低学年を対象に，本町で開設されている高森ポイントチャンネル（TPC）を活用して全家庭に配信しました。オンライン授業ではZoomを使用し，Webカメラで黒板を見せたり，実物投影機でノートを見せたりして，子ども達に分かりやすく提示することをねらいました。また，5年生以上の学年では，Zoomの各種機能（リモート制御やグループ分け）やWeb共有ボード，Googleアプリを活用して，個別の支援を行ったり対話的な学びの充実を図ったりすることもねらいました。

表1　活用したシステムの一覧

システム	具体的活用
学習支援ソフト	・ラインズeライブラリを使用して，各教科の既習内容を主体的に選択して学習する。
動画配信	・小学校低学年を対象に配信。主に国語や算数を中心に作成した授業動画をローカルチャンネルで全家庭に配信。
電子黒板	・オンライン授業や配信動画作成で使用。Webコンテンツや自作資料を提示する。
Web会議	・オンライン授業でZoomを使用。各種機能を用いて，児童生徒に分かりやすく提示したり，個別支援や対話的な学びを充実させたりする。
実物投影機	・オンライン授業で使用。Webカメラとして使用したり，画面共有してノート指導や資料提示を行ったりする。
Web共有ボード	・同時，非同時両方のオンライン授業でコラボノートを使用。学習の振り返り記入や閲覧させたいサイトのURLをリンクで貼り付けて使用。
Googleアプリ	・同時，非同時のオンライン授業で使用。Googleスライドでの共同編集や，Googleフォームで確認テストを作成し，授業後に送受信を行うなど。

（2）オンライン授業環境の全学年統一

黒板・実物投影機・自作シート・デジタル教科書など，授業者・教科・学年によって活用するものが異なります。そこで，図2に示すように，どの方法でも授業を実施できるように，全教室の環境を統一し，授業者の目的や意図に応じた遠隔機器の活用を図りました。また，教師の転出入が多い中，全ての教師が遠隔機器を活用できるように校内研修を実施したり，小集団での模擬授業を積極的に実施したりした上で，オンライン授業の取組を開始

図2　全教室統一した機器環境の整備

しました。主にWeb会議の接続方法や各種機能の説明を行いました。模擬授業では，電子黒板や実物投影機の画面共有の仕方を確認したり，黒板を使用する際にWebカメラをどのように設置すればよいのかなど，さまざまな授業形態を模索したりして，教師間で共有を図りました。

（3）学年別時間割の作成及び記録

図3に示すように，家庭からのオンライン授業の時間割を明確に提示しました。休校期間中の生活リズムの確保及び子ども達の健康面を考慮して，全学年1コマ40分程度とし，1～4年生は午前中3コマ実施，5年生以上は1日最大5コマのオンライン授業を実施しました。また，朝の会や帰りの会を毎回実施し，臨時休業中の生活リズムの安定を図りました。また，1単位時間おきに15分以上の休憩を入れることで画面を見る時間を調整し，体調不良や視力の低下等にも配慮した時間割を編成しました。授業実施後，授業者はオンライン授業に関する気付きを入力し，職員間で共有して改善を図りました。

6年生 遠隔学習時間割　学年ID: ○○○-○○○-○○○○

時間 日(曜)	20日（月）	21日（火）	22日（水）	23日（木）	24日（金）
	遠隔	遠隔	遠隔	遠隔	登校日
8：35 ～ 8：45	朝の会 健康観察 △○○君にヘッドセットが必要→対応済み	朝の会 健康観察	朝の会 健康観察	朝の会 健康観察	
1　8：50 ～ 9：35	学活 ・遠隔が初めての○○君に対して、機能の使い方を説明した ・ミュートの仕方、チャットの使い方、画面共有の仕方は理解させることができた。 ・ファイル送受信及び保存についてはできたかどうかを確認することができなかった。	国語 ・兄弟間での相談が多く、離席が多い。また、授業中にトイレに立つ児童がおり、授業への集中は難しい様子があった。 ・○○さん、途中で接続切れ。授業の最後の方で戻ってきた。	算数	社会	1:国語 2:理科 3:体育 4:社会 5:図工 6:図工
2　9：50 ～10：35	理科	大地		理科	
3　10：50 ～11：35	社会	算数	英語　○○さんへ他3人がタブレットなど分からないところを説明するなど、助け合っていた。	算数	
4　14：00 ～14：45	大地	理科	国語 ・授業中、他児の活動を待つ間に背景を変更するなどの様子あり。個人思考への意欲はみられる。		【もってくるもの】 ・各教科から出された課題 ・体育服 ・絵の具道具 ・給食エプロン ・健康の記録
5　15：00 ～15：45	国語	算数	社会	英語	
15：45 ～16：00	帰りの会	帰りの会	帰りの会	帰りの会	

図3　学年別の遠隔時間割

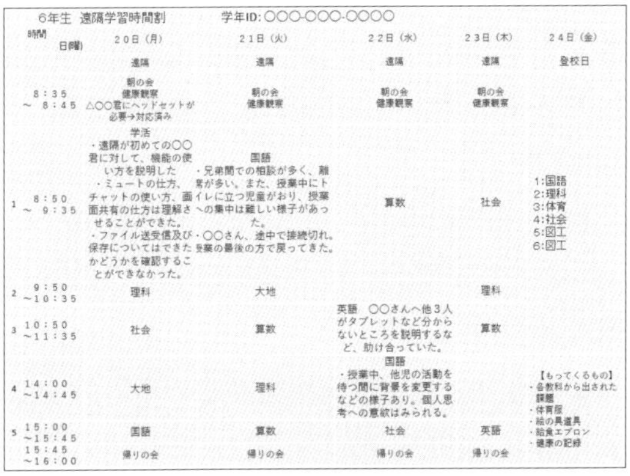

3．オンライン教育の実際

（1）学習支援ソフトの活用

図4は，1年生が臨時休業中に家庭で学習支援ソフトを活用して学習している様子です。特に年度末の時期であったため，1年間の学習のまとめを行うために多く活用されました。Wi-Fi環境が全家庭整っていなかった期間は，オフラインで家庭学習ができるように，学校で教科・単元のドリルを選択してダウンロードし，活用を図りました。

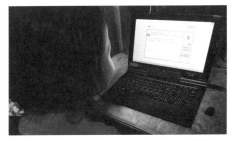

図4　学習支援ソフトの家庭での活用

（2）動画コンテンツのオンライン配信

オンライン授業を開始するまでの期間中，1～2年生を対象に，図5に示すように，教師が協力して授業動画を作成し，高森ポイントチャンネル（TPC）で全家庭に配信しました。学校で撮影された動画は，TPCの方が編集して配信してくださいました。子ども達はタブレット端末や親のスマートフォン等で動画を閲覧して学習していました。

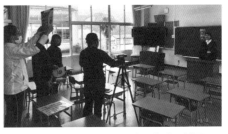

図5　低学年向け配信動画作成の様子

（3）同時のオンライン授業

　令和2（2020）年3月，全家庭の Wi-Fi 環境が整備されてからは，全学年でオンライン授業を開始しました。まずは未履修の教科・単元を中心に1日3コマ（1コマ40分以内）程度のオンライン授業を実施しました。新年度に入ってからは，4月20日から5月末までの期間，5教科を中心にオンライン授業を実施しました。

　図6は小学2年生国語の授業です。Web 会議に不慣れな低学年のオンライン授業では，板書や手持ち資料を Web カメラで提示し，聞こえているのか，見えているのか，子どもの反応を丁寧に確認しながら学習を進める姿が見られました。また，今は聞く時間なのか発表する時間なのかを自作のうちわで提示し，学習の規律を作る工夫がなされていました。

　図7は小学6年生国語の授業です。児童と同じノートを実物投影機で投影し，年度初めのノート指導が行われていました。

　図8は中学1年生英語の授業です。デジタル教科書を画面共有して通常の授業に近い形で教師と子ども達とのやりとりがなされていました。ただ，通常の授業と違って，オンライン授業では，一斉に発声させるとタイムラグが発生するので，個別に指名して発声させる学習形態をとっていました。

（4）非同時のオンライン授業

　図9は小学5年生社会の授業において，通常のオンライン授業を実施した後に，Web 共有ボード上に「ここから」というリンクを貼り付け，Google フォームで作成した小テストを受けることができるようにした実践です。なお，この実践を行った授業者は，自宅からテレワークで行っていました。

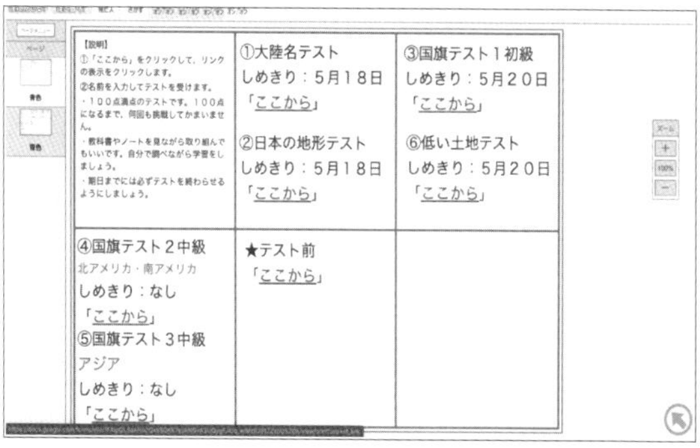

図6　板書を見せる通常授業に近い形態

図7　実物投影機を活用したノート指導

図8　デジタル教科書の画面共有

図9　Web コンテンツの活用

執筆者　高森町教育委員会事務局　石　井　佑　介

（2）遠隔教育の事例

①家ぞくのしごとを友だちに説明しよう

1．校種・学年・教科等

義務教育学校・2年・国語「どうぶつ園のじゅうい」

2．実践のポイント

授業のコンセプトは「つなげる」です。1つ目が，子どもの学びを生活につなげ，活用することです。「どうぶつ園のじゅうい」の学習を通して，1日の時間の順序に沿って理由や工夫とともにどんな仕事をしているのか説明する仕方を学びました。そして，獲得した学びを自分の家族の1日の仕事を調べ説明する学習に生かし，学習の質の向上を目指しました。また，子ども達一人一人が家族の仕事場へ取材に行く際に，各仕事場と担任がいる教室をオンラインで接続し，遠隔支援を行いました。2つ目が，各教科をつなげ教科等横断的な視点で授業展開を行うことです。生活科との連動を図り，家族の仕事を調べる計画やまとめる時間を生活科で行っていきました。生活科のお仕事調べでは，1人1台の端末を撮影やオンライン接続に活用し，プレゼンテーションにまとめました。3つ目が，人と人とがつながることを大切にしながら教科の本質を目指すことです。単元の終末には発表会の様子をWeb配信し，家族や遠方にいる祖父母等にも届けました。

3．事例の紹介

（1）単元のめあて

　家ぞくのおしごとはっぴょう会をひらこう

　～家ぞくは，「いつ」「どんなしごと」をしているのか，友だちにせつめいしよう～

（2）単元の導入

　国語科では，家族がいつ，どんな仕事をしているのか説明する文章を書くために，本教材を読むことを意識させました（図1）。生活科の「町（家族の仕事）のすてきなところを調べよう」と連動させ，調べる計画を立てました。

図1　単元計画作りの様子

（3）単元前半

　国語科では，「いつ」「誰に」「何をしたのか」を押さえ，1日の時間の順序に沿って書かれ

ていることを押さえました（図2）。そして，生活科の時間に，身近で働く先生方がどんな仕事をしているのかタブレット端末で撮影しながら見学・取材を行い，仕事の調べ方を学びました。

　秋休みの期間を利用して，子ども達は実際に自分の家族の仕事場へ行き，見学・取材をしました。その際，説明する文章を書くためのお仕事メモと説明用プレゼンを作るために，仕事の様子が分かる写真を撮らせました。また，見学の際には，Web会議で担任と相談したり報告をしたりするよう，各仕事場と教室とを接続しました（図3）。

（4）単元後半

　国語科では，お仕事メモをもとに構成を考え，作文シートに順序を考えながら書いていきました。生活科では，撮影してきた写真を使ってプレゼン資料を作成し，発表の練習をしていきました（図4）。

（5）単元終末

　国語科では，作文とプレゼン資料を用いて家族のお仕事を説明するとともに，友達の説明を聞き，質問や感想を伝え合いました。生活科では，お仕事調べを通して発見した家族のすてきなところを手紙に書きました。学級で開いたお仕事発表会の様子をWeb配信するために，QRコード付きの学級通信を配布し，家族の方々に見てもらい，その後お手紙を家族の前で読みました（図5）。

▍4．活動の様子と児童の変容

　教室での学びを子ども達の生活（家庭）につなげたことで，獲得した知識や技能を主体的に活用し，課題解決する姿が見られました。また，生活科と連動した学習展開を図ったことで，仕事への理解が深まり，自分の体験や知識と結び付けた感想や考えを持つことができました。

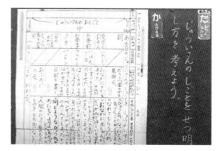

図2　じゅういの仕事のまとめ

図3　仕事場から担任に報告

図4　発表練習

図5　家族がQRコードを読みとって視聴

執筆者　山都町立清和小学校［高森町立高森東学園義務教育学校］　岩　田　美　紀

②プログラミングで家族をよろこばせよう

1．校種・学年・教科等

小学校・3年・総合的な学習の時間

2．実践のポイント

　小学校3年生の児童は初めてコンピュータを使ったプログラミングを行うので，専門性のある中学校教師の指導を受け，分からないことを質問しながら学習を進められるような実践を行いました。この実践のポイントはWeb会議システムを利用することで，オンライン上で中学校教師がサポートしているところです。この実践では，「かえるのうた」のプログラムを考えることで，論理的に課題を解決する力を高めるとともに，プログラミングソフトの基本的な操作を習得することをねらいとしました。

3．事例の紹介

（1）授業準備・事前打ち合わせ

　本実践を行う際に，小学校教師と中学校教師での授業準備および事前の打ち合わせを行いました。小学校教師はプログラミングの授業の経験がほとんどないこともあり，事前に単元計画の打ち合わせを実施し，中学校教師と授業のねらいや，児童に身に付けさせたい資質・能力，学級担任と中学校教師の役割分担，オンラインで接続する時間，プログラムの保存方法，共有する場所，機器の配置等について確認を行いました（表1）。

表1　指導計画（全9時間）

次	時	学習活動	次	時	学習活動
1	1	・はじめのあいさつ，自己紹介 ・プログラミングとプログラムについて	4	3	・かえるのうたのプログラムを考える。（タブレット）
2	2	・かえるのうたのプログラムについて考える（ワークシート）	5	1	・自分の考えたプログラムを発表する。
3	1	・プログラミングソフト（Scratch）の基本操作について	6	1	・振り返り ・おわりのあいさつをする。

（2）実践の内容

　今回は「プログラミングで家族をよろこばせよう」という単元を通した学習課題を設定し，取り組んでいきました。授業の全てに中学校教師が入るわけではなく，プログラミングソフトの操作やプログラムのデバックなどの専門性が必要な場面を部分的にサポートするという形で進めていきました。

　まず，児童は中学校教師が作成した「かえるのうた」を見て，どのようなプログラムが組ま

126

れているのかを考えました。次に，プログラミングソフト（Scratch）の基本操作について
Web会議で説明を聞きました。ここでは中学校教師が起動の仕方やひらがなへの変換，ブロックの追加，ブロックの動かし方，ブロックのつなげ方などについて説明を行いました。画面共有機能を活用しながら説明を行うことで児童は中学校教師の真似をしながら操作スキルを学んでいきます。小学校教師は机間指導をしながら困っている児童のサポートを行い，全ての児童が安心して学ぶことができました。また，プログラムの作成中に分からないことがある際には中学校教師に質問することでトラブルを解決することができました。「かえるのうた」の基本プログラムが完成した後は，かえるの数を増やし輪唱をさせたり，かえるに動きをつけたり，工夫を加える児童も増えますが，データをクラウド上で共有することで，中学校教師も児童の作品を確認することができ，それぞれの児童に合わせたアドバイスを送ることができました。

図1　Web会議で説明する中学校教師　　図2　「かえるのうた」のプログラム画面

▌ 4．活動の様子と児童の変容

　中学校教師から専門的な指導をしてもらえる点は特に効果が感じられました。また，子どもが出向く必要がなく，普段から生活している教室で学習をすることができるため，時間的な余裕と落ち着いた環境でゆとりを持って学習に取り組むことができていました。分からないことや相談したいことがある際には，電子黒板に近づいていき中学校教師に話しかける姿が何度も見られました。児童はプログラミングについて学ぶことに加え，「中学校の先生に教えてもらう」という機会を確保することで意欲を持って学習に取り組むことができていました。また別の見方をすると，小中学校の教師の連携・交流を図ることにもなりました。小学校教師がプログラミングに対して苦手意識や不安がある場合にトラブルが発生しても，中学校教師に尋ねながら解決することができ，小学校教師のスキルアップにもつながっていました。中学校側の視点としては数年後に中学生になる児童の様子を知ることができました。小学校で実践されているプログラミングの授業及び児童のスキルの実態を把握することで中学校の授業を組み立てるための参考になると感じることができました。

執筆者　菊池市立菊池南中学校［高森町立高森中学校］　猿　渡　裕　幸

③専門家とつながる遠隔授業で「夢」を広げる

1．校種・学年・教科等

義務教育学校・6～7年・理科

2．実践のポイント

　本校は阿蘇外輪山の東部に位置し，西には根子岳，東には祖母山を望む自然豊かな環境にあります。「土地のつくりと変化」の学習において，本校区は阿蘇火山噴火による火山灰から成り立つ土地であること，噴火による影響が広域にわたっていることを学習するために，地質図を用いた学習をしたいと考えました。しかし，地質図は専門的な用語が多く，子ども達にとっては分かりにくいものです。そこで，専門家の協力を得て授業が展開できるよう，約70km離れた御船町恐竜博物館とのWeb会議での遠隔合同授業を行いました。6年生の発展的な学習から7年生の学習内容へのより主体的で深い学びにつなげることをねらいとしました。

3．事例の紹介

　小学校6年理科「土地のつくりと変化」の発展内容と中学校1年理科「大地の変化」の導入内容を異学年合同で行いました。地質図をもとに，専門家の助言を得ながら仲間と協力し，本校区の土地のでき方について考えていく授業を行いました。
＜本時の目標＞高森東の土地はどのようにしてできたのか，物語にしましょう！
　導入場面で，エベレストの頂上付近（8000m）のところにあるアンモナイトの化石はどのようにして，その場所にきたのかを，紙芝居で見せました。高森東の土地のでき方を物語にするイメージをつかませることをねらいとしました。
　展開場面では，電子黒板を用いてWeb会議システムで御船町恐竜博物館とつなぎました。本校から約70km離れた御船町の地質図をもとに，資料の見方について専門家による説明を聞きました。その後，本校の周囲の土地の様子（根子岳や野尻川など）から，土地のでき方が火山によるものか，流れる水かを予想しました。
　展開場面の後半は，6，7年生混合のグループを3グループ編成し，グループごとに地質図を用いて，本

図1　専門家からの説明

校の土地のつくりを調べました。Web 会議システムを電子黒板からタブレット端末に切り替え，疑問点はグループごとに質問ができるようにしました。地質図や専門家の話から分かったことを付箋に書き，ホワイトボードに年代順に並べ，物語を作っていきました。

[Mifu]の土が高森東にもあるけど，化石が見つかる可能性があるのかな？

図2　地質図をもとに調査

[Aso4]の火山灰の下に[Mifu]があるので，見つかる可能性はあります！

どうして御船町と同じ「Mifu」が高森東校区にあるんだろう？

図3　グループごとに質問

　終末場面では，Web 会議システムを電子黒板に切り替え，作った物語をグループごとに発表しました。発表内容に対して，専門家に評価・補足をしていただくことで，学びを深めることができました。

図4　専門家による評価・補足

4．活動の様子と子ども達の変容

　見えない地下の様子を想像することは，子ども達にとって難しく，授業でも地域教材は地層が露出している部分の活用が中心になってきます。そこを解決していくものが地質図です。この地質図を専門家の助言により調査していくことで，子ども達の意欲は高まり，主体的に話し合いをする場面が見られました。また，御船町は恐竜の化石が発掘される場所として有名です。その御船町と似ている層が本校区に見られることが地質図から分かり，子ども達は「なぜ流れる水のはたらきでできた層が標高800mの高森東にあるのか」「もしかしたら高森東でも化石が出てくるかもしれない」と想像をふくらませていきました。今まで，考えていなかった地面の中のことに興味をもつ子ども達が多く見られました。

　遠隔合同授業で専門家の話を聞くと，一斉の授業になることが多く，子ども達は受け身になりがちです。しかし，今回のように専門家を活用することに重点を置いた授業の展開を考えることで，子ども達が活発に意見を交流し合う姿が見られました。遠隔合同授業における専門家の活用の仕方を考えていくことで，子ども達がさらに主体的で対話的な授業を展開することが期待できると考えます。

執筆者　熊本大学教育学部附属小学校［高森町立高森東学園義務教育学校］　**吉　田　沙也加**

④対話的な学びを活性化させる遠隔合同授業

1. 実践のポイント

　高森東学園義務教育学校は，学年の人数が 3 ～ 7 名という極小規模校のため，固定化された対人関係の中で，多様な意見を出し合う対話活動の実現が難しいという課題があります。そこで，道徳の時間において，高森中学校との Web 会議による対話活動に加え，Web 共有ボードを併用した遠隔合同授業を実施し，対話的な学びの更なる充実を図りました。Web 共有ボードの活用により，個人の多様な意見を瞬時に共有でき，その情報をもとにして対話活動を行うことで，対話の量・質ともに向上することをねらいとしました。

2. 事例の紹介

　図1は，遠隔合同授業のグループ構成図で，Web 会議でのグループ間対話活動に，Web 共有ボードを併用して個人の考えを可視化した上で対話活動を行うことで，発言回数の増加や発言内容の深まりをねらいとしました。まず課題①として，「家族」「地域」「見ず知らずの人」に対する思いやりや感謝の行動について，個人の考えを図2に示す Web 共有ボードに入力しました。入力中は個人思考の時間を確保するために，他人の付箋は見えないように設定し，入力し終えてから交流校の生徒の考えも含めた全員の付箋を一斉に見ることができるようにしました。この時点で多様な考えが瞬時に共有されます。

　教師は付箋移動の機能を使って色ごとに別のシートに移動させ，担当する付箋色を班ごとに指定し，シート上の付箋を移動させながら対話活動を行わせました。両校合わせて 6 班あるうち，高森東学園 3 名の班と高森中学校の 1 つの班が緑の付箋（見ず知らずの人への思いやり・感謝）を移動し

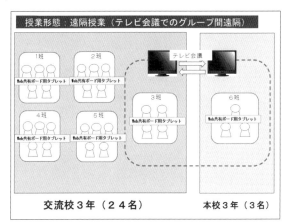

図1　遠隔合同授業のグループ構成

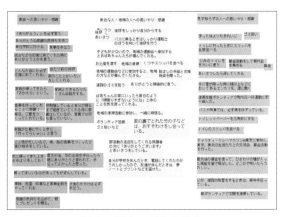

図2　個人の考えを共有

ながらの対話活動を行いました（図3）。生徒Cがタブレット操作を行い，対話活動をリードする姿が見られました。Web共有ボード上で新たに出会う考えが多数あり，それらの考えを図4に示すWeb共有ボード上で「取り組みやすさ」「伝わりやすさ」の視点から3人で活発に論議する姿が見られ，時間いっぱい対話が続いていました。

　その後，同じ色の付箋について，別のシート上で移動させながら対話活動を行っていた班同士で，そこに付箋を移動させた意図を知り合う質疑応答の時間を設けました。高森東学園は，図5のように交流校の同じ緑の付箋を別シート上で移動させていた班とWeb会議で対話を行いました。タブレット端末を並べて，シートを比較しながら，移動させた付箋の位置の意図を意欲的に伝え合っていました。

図3　付箋を移動しながら対話

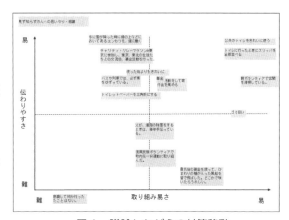

図4　議論しながらの付箋移動

3．活動の様子と生徒の変容

　今回の実践では，全員の発言回数が単学級内よりも増えていました。これは，他校の生徒と対話活動を行うことによって，学級の固定化された対人関係が崩れ，一人一人の発言意欲が高まった点が挙げられます。また，Web共有ボードで個人や班の考えを可視化し，比較分析しながら対話活動を行うことで，より活発に考え・議論する学習ができたことが発言回数の増加につながったと考えられます。

図5　交流校の班との対話活動

執筆者　菊陽町立菊陽中学校［高森町立高森中学校］　野　村　優　資
共同実践者　高森町教育委員会事務局　石　井　佑　介

（3）高森町の英語教育の経緯

1．これまでの変遷

　本町では，平成24（2012）年から英語教育への重点的な取組をスタートさせました。これまで，文部科学省からの２つの研究指定をはじめ，長年にわたりさまざまな取組を通して英語教育を推進してきました。当初は町内の小中学校の英語教育の体系化を目指すところから始めました。しかし，現在では幼稚園，保育園から高等学校までが参加する「高森町英語教育連絡協議会」を組織し，義務教育の枠を超えて，町全体で英語教育を推進しています。本町の英語教育のこれまでの取組の変遷（表１）と組織図（図１）を以下に示します。

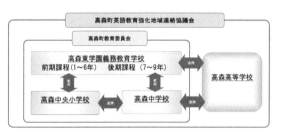

図1　「高森町英語教育連絡協議会」組織図

表1　高森町の英語教育の変遷

年度	主な取組
平成24（2012）年	・大学と連携したカリキュラム作成 ・SSH（Sound Spelling Harmony）導入
平成25（2013）年	・文部科学省教育課程特例校 ・「わくわくイングリッシュ」の創設（小学１年生からの英語教育導入）
平成27（2015）年	・文部科学省委託事業・研究開発地域指定「英語教育強化地域拠点事業」 ・町教育研究会内に英語教育部会を設立
平成28（2016）年	・「CAN-DO リスト」第１編作成
平成29（2017）年	・「英語教育強化地域拠点事業」研究発表会
平成30（2018）年	・「高森町英語教育連絡協議会」発足
平成31（2019）年	・「英語教育連絡協議会」に町内の幼稚園・保育園が参加
令和2（2020）年	・１人１台端末で海外とつなぐオンライン英会話の導入 ・高森町教育研究会英語教育部会が「令和２年度文部科学大臣優秀教職員表彰」受賞

2．高森町の英語教育のテーマ

　高森町の英語教育のテーマは「英語の生活化」です。本町が目指す英語教育のテーマと児童生徒の姿を図２に示します。

　国際社会を生きる人材を育成するためには，国際的な環境を常に身近に感じることが重要です。本町にも毎年多くの外国人観光客が訪れており，10年後，20年後の将来を見据えた教育が必要になっていました。このような背景から，生活の中に当たり前に英語がある，そのような状況にすることを「生活化」と定義しました。

また，本町でも他地域と同じように「中1ギャップ」が課題であり，特に児童生徒に対する意識調査からも，外国語科でその傾向が顕著に表れていました。そこで，英語の「生活化」を目指し，日常の中に当たり前に英語がある生活を実現していくことでこの課題を克服できるのではないかと考えました。

英語の「生活化」

めざす子どもの姿

〇分からないことや未経験のことに興味を持ち、進んで取り組もうとする子ども

〇身に付けた知識や技能を活用し、積極的に英語でコミュニケーションを図り、相互理解に努めようとする子ども

国際社会を生きる人材を育成するための幼保小中高一貫の英語教育

図2　高森町英語教育のテーマ

3．幼保小中高を貫くCAN-DOリスト作成

明確な目標に向かった系統的な英語教育を，町全体で行うために，平成28（2016）年にCAN-DOリストを作成しました。当時は最先端の取組でした。このリストは，義務教育の9年間を小学1・2年，小学3・4年，小学5年～中学1年，中学2・3年の4期に分け，それに保育園や幼稚園の就学前と高等学校を加えた6期で作成しました。このCAN-DOリストを作成したことにより，教師は，各期の到達目標の上限を限定的に考えるのでなく，さらに上のレベルの内容までを見通しながら指導することを意識するようになりました。

第1編は小中高の3校種が連携して平成28年に作成し，その後，町内の幼稚園や保育園も作成に加わり，毎年修正を加えながら，現在の形になりました。**表2**は現在のCAN-DOリストの「聞くこと」領域の一部です。「聞くこと」について，発達段階を考慮し，修学前段階の「基本的な指示で動く」から高等学校段階の「社会的な話題や時事問題についての説明を聞いて，情報の概要や要点をとらえることができる」までを系統的に指導できるようにしました。

「聞くこと」	
就学前	・くり返し話された英単語や会話表現を聞いてまねて言うことができる。 ・園生活の中でくり返し使う基本的な動作を英語で指示され動くことができる。
小1・2	・はっきりとくり返し話された英単語や英語のごく簡単な会話表現を聞いて内容の大体を聞き取ることができる。 ・ごく簡単な英語で指示されたことについて，図や絵を選んだり，体を動かしたりすることができる。
小3・4	・はっきりとくり返して話される英単語や英語による2～3文程度の身近な話題（趣味やスポーツなど）を理解することができる。 ・学校や生活の中でよく使用する簡単な英会話表現を理解することができる。 ・アルファベットの名前を聞いて，小文字を選ぶことができる。
小5～中1	・初歩的な語彙や表現での会話や文章，自己紹介，電話でのやりとりなどを聞いて，主な内容を聞き取ることができる。
中2・3	・やや長めの文章やさまざまな場面で話されるまとまった英語を聞いて，話し手に聞き返したり，概要や要点を整理したりして，内容や話し手の考えや意向を正確に聞き取ることができる。
高等学校	・社会的な話題や時事問題についての説明を聞いて，情報の概要や要点をとらえることができる。 ・社会的な話題や時事問題についての対話を聞いて，情報の概要や要点をとらえることができる。

表2　CAN-DOリスト（一部）

4．小規模校の課題を解消する遠隔合同授業

本町には，小学校1校，中学校1校，義務教育学校1校があり，特に山間部の高森東学園義務教育学校は小規模校で，人的交流も少ない地域です。そのため従来の外国語科の授業では，特にコミュニケーションの相手が限定的で，話題に広がりが見られないという課題がありました。また，慣れ親しんだ友達との対話が中心となり，相手意識の希薄化も課題でした。そこで，前期

図3　遠隔合同授業の様子

課程（小学1～6年生）・後期課程（中学1～3年生）と，市街地のある中規模校の高森中央小学校や高森中学校をつないだ遠隔合同授業を日常的に行いました。

小学校の遠隔合同授業では，互いの学校の担任が遠隔で事前打ち合わせを行い，授業作りを共同で行いました。当初は，慣れない環境での授業作りではありましたが，苦手意識の高い外国語科の授業を複数で担当することで，教師は安心して授業に臨めるようになりました。また，外国語教育に堪能な教師と一緒に授業作りを行うことで，指導方法等を OJT で学ぶことができ，教師の資質向上にもつながっていきました。実際の授業では，図3のような画面を通した遠隔交流の場面を設定しました。あまり交流のない相手であり，また画面越しでの交流のため細かな表現が伝わりにくい場合もありましたが，そのことにより，アイコンタクトや聞き返す表現，ジェスチャーなどの，強く相手を意識したコミュニケーションスキルが必要となり，それらのスキルを育てていくことにつながっていきました。

5．ALT の効果的な活用

本町には ALT が1名しかおらず，曜日ごとに3校を巡回ながら勤務しています。そのため，全学級の授業に毎時間 ALT が参加することは難しい状況でした。そこで，ALT がどの学校にいても，必要に応じて授業に参加できる環境を整えることにしました。まず，3校で時間割を調整し，それぞれの学校で外国語科の授業がいつ行われているのかを把握できるようにし

図4　ALT のオンラインでの授業参加

ました。次に，ALT が勤務している学校で外国語科の授業のない時間帯に，別の学校の外国語科の授業を設定し，ALT がオンラインで授業に参加するようにしました。図4は，実際にALT がオンラインで他校の授業に参加している様子です。なお，ALT の参加場面については，授業中の全ての時間で接続するのではなく，活動のねらいに応じて接続形態や時間を工夫しました。このような取組を行うことで，児童生徒の活動がより精選され，ALT のネイティブな発音に触れる機会も増え，授業が充実したものになっていきました。これまで実施したALT の主な接続場面を表3に示します。

小学校段階では，専門の教師がいないことから，ネイティブな発音により多く触れる活動や，担任の評価の補助，授業導入のデモンストレーションなどに取り入れました。また，中学校段階では，オールイングリッシュの授業をサポートしたり，発音のチェックを行ったりする活動を中心に取り入れました。ほぼ全ての学級でネイティブな発音に触れる機会が保障されました。

表3　オンラインでの ALT の主な活用場面

場面	活動内容
導入	・遠隔地にいる HRT と一緒にデモンストレーションを行い，本時のめあてやゴールの姿を示す。
展開	・使用語彙やモデル文の練習 ・児童が使いたい表現を聞きに行く（辞書的な活用） ・小規模校の対話活動の相手 ・児童生徒の発表の評価の補助
まとめ	・活動や児童生徒の発表に対する振り返り

6．1人1台端末で海外とつなぐオンライン英会話の導入

令和2（2020）年から新たな挑戦として，小学6年生と中学生を対象に，個人の英会話スキルの向上に特化したオンライン英会話の取組を課外活動として実施しました（図5）。児童はこの取組を通して，楽しみながら英会話スキルを向上させ，英語への自信を深めました。また，オンライン英会話で児童が身に付けた力に合わせて外国語の授業内容の改善を行ったことで，授業の質を高めることができました。

図5　レッスンを受講する児童

執筆者　阿蘇市立波野小学校［高森町立高森中央小学校］　**福　島　健　太**

（4）英語教育の事例

①英語で交流しよう

1．校種・学年・教科等

小学校・1，2年・英語活動

2．実践のポイント

　幼稚園・保育園及び小学校低学年では，英語を楽しむ，英語に慣れ親しむことをねらいとし，実際に見たり，聞いたり，経験したりすることで，英語教育の充実を図ってきました。今回の実践は，その学習の中で学んだことを発表する場として，1・2年生と幼稚園（年長），計4クラスで遠隔による交流を計画しました。

3．事例の紹介

①1年1組「好きなものおしえるね」
　本単元で学習した好きなもの紹介をしました。I like ～ . を使って既習事項である動物，果物，野菜の中からグループで2つ選び，紹介をしました。
②1年2組「ぼく・わたし・どうぶつの体」
　本単元で学習した動物3ヒントクイズを出題し，幼稚園の園児に答えてもらう活動をしました。まず事前にグループで動物を1つ選びます。色，大きさ，数，鳴き声，動きなど3つのヒントを考えておきます。
③2年1組「すきなものなあに？　ほしいものなあに？」
　本単元の学習の中でピザに入れる材料の英単語の学習をしました。その後，ピザ作りという活動を行いました。

4．活動の様子と児童の変容

①1年1組「好きなものおしえるね」（図1）

> Hallo.
> （一人ずつ）I'm自分の名前.
> （グループ全員で）I like rabbit.
> I like tiger.

図1　1年1組の活動の様子

②１年２組「ぼく・わたし・どうぶつの体」

　交流の時には，１年２組の児童が「この動物は何でしょう」と問いかけ３ヒントをもとに，園児が答えていました（図２）。

図２　１年２組の活動の様子

③２年１組「すきなものなあに？　ほしいものなあに？」

　交流では，まず，ピザの材料をJTEと一緒に紹介しました（図３）。その後，児童が作ったピザを紹介しました（図４）。

図３　材料の紹介　　　　　図４　ピザの紹介

　１年生は２年生が紹介しているピザを見て，「おいしそう」「このピザがいい」「shrimp ってなあに？」「マッシュルームが入っている」「２年生になったら作ってみたい」など２年生が学習した内容に興味を持つ姿が見られました（図５）。

④幼稚園の遠隔の様子

　幼稚園からは発表会で歌った英語の歌のプレゼントと，好きなもの紹介がありました。児童は，一生懸命歌う園児の姿をしっかり見ていました。また「この歌知っている」「歌ったことある」など幼稚園で学習したことを伝える児童もいました（図６）。

図５　２年生のピザの紹介を見る１年生

図６　幼稚園の遠隔

執筆者　高森町立高森中央小学校　髙　島　沙　依

②コミュニケーションの魅力に迫る英語学習

1．校種・学年・教科等

小学校・4年・英語科

2．実践のポイント

　児童にとって英語を使ったコミュニケーションの魅力は，友達の新たな一面に気付いたり自分の思いを相手に伝えたりする楽しさを味わえることではないでしょうか。このことを踏まえて，児童にとって身近な道具である文房具を教材化し，「友達が持っている物や好きな色を聞いて，文房具をおすすめしよう」というゴールを設定して学習を展開しました。

　また，学習に対する主体性を高められるように，児童は自分なりの課題を設定することで解決に向けた練習の方法を選択し，楽しみながら学習することを目指しました。

3．事例の紹介

　本単元を通して，「持っているかどうかを相手にたずねたり色などの好みをたずねたりすることができるようになるとともに，英語を用いたコミュニケーションを楽しむことができる」ことで児童が達成感を味わえると考えました。

　また，児童のコミュニケーション力を高めるためにどのような場面を設定していくか。児童の実態や単元間の系統性を踏まえながら，表1のような学習活動を段階的に設定して，児童一人一人がゴールの達成に向けて必要なスキルを身に付けることができるようにしました。

1	○ゴールの姿を知り，文房具を表す語句や持ち物をたずねたり答えたりする表現を確かめる。 ・Demonstration　・New words ・Let's Sing　・Let's Chant
2	○持ち物をたずねたり答えたりする表現に慣れる。 ・New words　・Let's Sing　・Let's Chant ・Let's Listen　・Activity
3	○自分の学習状況に応じて選んで練習する。 <table><tr><td>内　容</td><td>方　法</td></tr><tr><td>・言い方（語句，表現） ・話し方（声，視線，表情など）</td><td>・自分で（撮影や録音，歌など） ・誰かと（友達，先生）</td></tr></table>
4	○形態を選んで，おすすめする文房具を発表する。 ・やりとり　・プレゼンテーションなど

表1　コミュニケーションの魅力に迫る学習展開

4．活動の様子と児童の変容

　児童のコミュニケーション力を高めるためには，まずは本単元で学習するやりとりに対して児童がいかに魅力を感じることができるかは大きなポイントです。担任とALTによるデモンストレーションによって児童の学習意欲を高めることができました。また，図1のように動画に記録しておくことで児童はいつでも確認し直すこともできます。

図1　デモンストレーションを確かめる児童

　自分自身が話している音声や表情を客観的に知ることで，学習状況を確かめながらより上達しようと変革していくことができます。図2は，自らの発表を録音し，くり返し聞きながら課題点を見つけている様子です。デモンストレーションと聞き比べたり，実際にALTにたずねたりするなど自らの課題を主体的に解決しようと学習に取り組む姿を見ることができました。

図2　自分の発表を録音し，学習状況を確かめる児童

　図3は，自分で確かめたことをやりとりで試す児童の姿です。前述した通り，児童のコミュニケーション力を高めるための様々な学習活動を段階的・計画的に設定したことにより，自ら進んで相手とのコミュニケーションを求めて学習する児童の様子を見ることができました。児童一人一人がゴールの達成に向けて必要なスキルを身に付けることができるようになりました。

　この頃の発達段階にある児童においては，同じクラスの中でも児童同士の関係性が固定化されていることが多く，普段から話していない人とはあまり話そうとしないケースはよくありませんか。初めにも述べましたが，児童にとって英語を使ったコミュニケーションの魅力

図3　自分で確かめたことをやりとりで試す児童

は，友達の新たな一面に気付いたり自分の思いを相手に伝えたりする楽しさを味わえることだと思います。このようなコミュニケーション力を高めるための手立てを教師が計画的に講じることで，児童はコミュニケーションに魅力を感じながら楽しんで活動し，コミュニケーション力を徐々に高めていくことができるのだと考えています。

執筆者　高森町立高森中央小学校　丸　野　公　士

③ 「わが家のカレー」について伝え合おう

1．校種・学年・教科等

小学校・6年・英語「Unit6　Let's think about our food.」

2．実践のポイント

　食材を通じた世界のつながりや食べ物の栄養素，食べたものやそれらの産地などについて考え，他者に配慮しながら自分の生活や考えなどを伝え合おうとする児童の育成を目指し，単元を通した学習課題として「わが家のカレー」について英語でプレゼンテーションを行うことを設定しました。

　毎時間の展開前段では，1人1台端末で学習者用デジタル教科書を活用し，歌やチャンツなどを自分のペースで個別学習ができるように帯学習を設定しました。単元の後半では，学習したことを生かして「わが家のカレー」について紹介する「わが家のカレーメモ」を作成し，タブレット端末を持ち帰り，メモの内容に関連する写真を撮影し，プレゼンテーション資料を作成して紹介し合いました。また，単元を通して毎時間の振り返りをタブレット端末で入力・蓄積していきました。

3．事例の紹介

（1）導入

　毎時間の導入時には，タブレット端末で蓄積してきた前時での自らの学びを振り返り，本時のめあてを設定していきました。まず，基本的な挨拶や質問を学習リーダーが進め，ALT が支援する流れで行いました。次に，学習者用デジタル教科書で本時の学習内容に関連する動画を個人で視聴し，聞き取れていた内容をシートにチェックすることで技能面での評価資料として活用しました（図1）。

図1　個人で動画を視聴している様子

（2）展開前段

　毎時間の展開前段では，帯学習としてチャンツで基本表現を練習しました。まず学習者用デジタル教科書とヘッドセットを使用し，個別練習を行う時間を設定し，その後，電子黒板を

使って全員で練習する流れを汲みました（図2）。

（3）展開後段

　単元の後半では，学習したことを生かして「わが家のカレー」について紹介する「わが家のカレーメモ」を作成し，タブレット端末を持ち帰り，メモの内容に関連する写真を撮影し，プレゼンテーション資料を作成して紹介し合いました（図3）。進行は学習リーダーが務め，必要に応じて教師が支援しました。また，各自，発表→質疑応答の流れで進め，発表のみで終わらせることなく，発表を受けた即興的なやりとりができるように教師がリードしました。定着させるべき基本表現については基本形を提示し，写したり真似して書いたりする活動を取り入れ，学習の定着を図りました（図4）。

（4）終末

　毎時間の振り返りはタブレット端末を使用し，単元を通した個別の振り返りシートに入力しました。単元の最終時には，本単元でできるようになったことなど，単元全体を振り返った内容についても入力するよう指示しました。

▎ 4．活動の様子と児童の変容

・1人1台のタブレット端末環境を生かし，帯学習による個別学習の時間を毎時間設定することで，自分のペースで発音練習や個人思考を行うことができました。

・単元導入時に，身近な料理である「わが家のカレーを紹介しよう」というテーマを設定して学習を進めたことで，誰もが楽しく，興味関心を持って，意欲的に学習に励むことができました。

・プレゼンテーション資料を作成するために，実際に料理を行っている様子を撮影して紹介する児童も多くおり，家庭科との連携にもつながりました。

図2　チャンツで基本表現を練習

図3　「わが家のカレー」について紹介

● 昨夜食べたもの
I ate curry and rice last night.

● ふだん食べているカレー
I usually eat beef curry at home.

● 食材の産地
The beef is from Australia.

● 食材の属するグループ
Beef is in the red group.

図4　基本表現の提示シート

執筆者　阿蘇市立阿蘇小学校［高森町立高森中央小学校］　川　﨑　留　美

④ Web 会議を活用したコミュニケーション力育成

1．校種・学年・教科等

中学校・１年・英語「Unit3　わたしの好きなこと」

2．実践のポイント

　本単元では，中学校に入って初めて一般動詞を用いて肯定文，疑問文，否定文を学習します。主に自己紹介をしたり，相手が好きなものや行っているスポーツ，演奏する楽器などをたずねたりする学習を行います。音声を中心とした一般動詞の学習はこれまでにも小学校の外国語活動（本町においては英語科）で取り扱われてきましたが，一般動詞の種類も増え，その分，表現の幅も豊かになる段階にあります。

　本単元において，生徒はまず教科書本文の例をもとに，自己紹介文の英作文を行い，本学級内で自己紹介をしたり，自己紹介の内容に基づいて相手に質問したり，相手からの質問に答えたりしました。さらに，否定文を用いて自己紹介文をより豊かにしていく活動を行いました。主体的・対話的で深い学びを実現するための１つの方法として，小規模校では体験させることが困難である，発表する内容が分からない人に自己紹介を行うという機会と，見知らぬ生徒にたずねる機会を設定することで，コミュニケーション力育成を図ることをねらいとして，遠隔合同授業を実施しました。

3．事例の紹介

（１）導入

　毎時間の導入において，デジタル教科書を用いた基本用語の復唱や新出単語や熟語の形・意味・用法を確認しました。また，教科書の例文を基に，自己紹介文の英作文（肯定文・否定文）や，相手の自己紹介に対して尋ねる英作文をスモールステップで作っていき，相手に伝わるようにするためには，どのように発表すべきか考える時間を設定して練習を積み重ねていきました。

（２）展開前段

　一般動詞を用いて作成した自己紹介文と相手への質問文を学級内で行いました。教師とのやりとり時には，発音や英作文を確認し評価につなげました。

（３）展開後段　遠隔

　Web 会議で１対１（１対２）の自己紹介を行い，相手に質問したり相手からの質問に答えたりする活動を行いました。ペアをローテーションし，新しいペアとの自己紹介及び質問を繰り

返し行うことで，自分の表現を修正したり，相手の表現から学んで取り入れたりすることをねらいました。その後，相手校とのコミュニケーション活動で入手した情報をもとに，全体で交流相手のことを紹介する活動を設定することで，リスニング力の向上を図りました。

Hello, my name is ~.I'm from Takamori.
I like badminton. I play it every day.
I play basketball, too.
I don't play soccer.

Good.
I play tennis.
Do you play tennis?

No, I don't.
I don't play tennis.

（4）終末

　Web 会議での対話活動を通して入手した交流相手の情報をもとに，その人になりきって他己紹介を行う活動を学級内で行いました。最後に，学習の評価として，ライティングやスピーキングでのパフォーマンステストを実施しました。

Web 会議の様子

4．活動の様子と児童の変容

　「Web 会議で自分の伝えたいことを相手にしっかり伝えるためには，ゆっくりはっきりと話すことがいつも以上に重要だと感じた。また，聞き取りにくいところが何カ所かあったけど，Once more, please. などを使って聞き直すことができた」「難しい発音もあり，聞き取りにくい面もあったが，クラス内で情報交換をするよりも，多くの表現を聞くことができて楽しかった」などの生徒の感想から，英語で自分のことを「伝え」，相手のことをより深く「知る」という活動において，遠隔合同授業はとても有意義なものであると感じました。また，お互いのことを十分に知りうる間柄での自己紹介と，自分のことをあまり知らない相手に対して行う自己紹介とでは，生徒の英作文における関心・意欲に大きな差が見られました。その場のテーマから少し発展して，自分の思いや気持ちを付け加えたり，切り返しの質問をしたりするなどの，即興的なスキルを今後さらに身に付けさせていきたいと感じました。

執筆者　山都町立矢部中学校 [高森町立高森東学園義務教育学校]　**斗　髙　真　美**

子どものコミュニケーション力を高める高森町の学び

執筆者　宮崎大学　理事・副学長　新　地　辰　朗

　高森の教育に見られるコミュニケーションは，挨拶や意思疎通など社会生活で求める一般的な素養よりも一段深いものであり，自立した学びを促すものです。教育長・教育委員会から提示される明瞭なビジョンに応える特色ある学習活動では，意欲的に深め合うコミュニケーションの成立が織り込まれており，自分とは異なる意見や考え方に向かい合う姿が度々見られます。他者や社会との協働を通して，自分に適した「学び方」を獲得しようとする多様な学習経験を通して高められるコミュニケーション力は，将来を支える資質・能力としても期待できます。本章では，高森町で実践されてきた遠隔教育やクラウド環境活用に見られるコミュニケーションを整理します。

1．遠隔教育にみるコミュニケーション

A．専門性を補完・深め合う教師間のコミュニケーション

　高森の教育を代表する特色の１つが，教育長・教育委員会がコアとなりながら，学校を超えて教師らが互いに実践を深め合う姿です。校内で分掌している複数の業務に携わりながら，勤務校を離れることなく，他校の教師と連携できる環境を実現しているのが Web 会議システムであり，高森町の全教職員の専門性や経験が共有される体制の構築に寄与しています。

　小学校第３学年のプログラミング教育では，中学校の教師が，Web 会議システムを介して勤務校から参加しています。高森中央小学校の担任教師が進行する授業に，高森中学校の技術家庭科の教師が専門性を生かしながら，児童の実態や本時のねらいに合わせながら，プログラミングに関わる基本操作や考え方を的確に経験させています。授業以外にも，車で30分程度離れた高森中央小学校や高森中学校と高森東学園義務教育学校（以降，高森東学園と表記）との間で，専門性を高め合ったり補完し合ったりしながらの授業研究が進められるなど，町内全ての義務教育課程の質の高さを維持する特色ある実践が見られます。また，これまでの複数回の統合を経て平成29（2017）年４月に開校した高森東学園は，小規模校ならではのきめ細かな指導を長所としながらも，少ない教職員でカバーできる専門範囲が狭くなりがちだった課題も，Web 会議システムの活用により解決されています。

B．ネイティブスピーカーとの非言語・言語コミュニケーションで高める英語力

　高森町では，平成25（2013）年に文部科学省教育課程特例校として小学１年生から英語教育を始め，また英語教育強化地域拠点事業の研究開発地域として文部科学省指定を受けた平成27年には高森町英語教育連絡協議会を設置するなど，早くから英語教育の充実に取り組んで

おり，高森町英語教育部会の令和2（2020）年度文部科学大臣優秀教職員表彰に至っています。

　高森町の英語教育の特色として，Web 会議システムの利用による，英語による日常的なコミュニケーションの促進が挙げられます。日頃から経験している，ジェスチャー，表情，視線，声のトーンを駆使する非言語コミュニケーションも生かすことのできる Web 会議システムの利用は，英語でのコミュニケーションに慣れていく過程やしっかりと深め合う段階で効果的に機能します。さらに，ここに ALT（Assistant Language Teacher）が参加することで，正しい発音や自然な会話へのサポートを実現しているのが高森町の英語教育の特色です。ネイティブスピーカーであり，また海外の文化や習慣を紹介できる ALT は，外国語教育で重要な役割を担うにもかかわらず，配置できる人数には限りがあるのが一般的な悩みです。高森町では，Web 会議システムを利用することで，3校に対して1名しか配置されていない ALT であっても，居場所に制限されることなく，町内の英語教育に頻繁に参加できるよう工夫されています。つまり，ALT が他校で勤務している日でも，ALT の空いている時間帯であれば自校での授業に協力を求めることができる体制が整うことで，町内のほぼ全ての外国語科の授業に ALT の参加が得られるようになりました。ただし，1コマの時間全体に ALT によるサポートを求めるのではなく，学習活動の内容や展開に応じて，接続するタイミングや長さを調整し，ALT に過度な負担をかけることなく，またメリハリのある授業となるよう留意されています。さらに，小学6年生と中学生には，課外活動の時間にオンライン英会話が準備されています。それぞれのパソコンを通して，遠方からマンツーマンで語りかけられる時間は，ALT 以外のネイティブスピーカーに接する機会でもあり，より主体的に英語によるコミュニケーションを試す時間となっています。

C．質の高い学習空間を創るコミュニケーション環境

　専門家の知識や経験を聞いたり，また自然や産業等の様子に接する機会は，事象そのものに関心を抱いたり，自分の経験と関連付けながら課題を見出したりする際，高い教育効果を期待できます。高森町でも，積極的に専門施設と接続することで，課題解決学習を充実させてきました。

　約70km 離れた御船町恐竜博物館との Web 会議を介した高森東学園での遠隔合同授業では，小6理科「土地のつくりと変化」の発展内容と中1理科「大地の変化」の導入内容を異学年合同で学んでおり，6年次の児童にとっては義務教育学校7年次での学習に見通しを持たせる目的が設定された授業です。専門家のサポートを得ることで，専門的な用語も示されている地質図を的確に活用できるようになり，近隣の土地の成り立ちに対する阿蘇火山噴火による影響について科学的に思考する学習となっています。専門家に聞くことにとどまることなく，他の学習者や教師との協議をもとに，専門家に問いかける段階へ深まってゆく授業として興味深いです。

D．相手意識で深めるコミュニケーション

　OECD による「DeSeCo プロジェクト」(1997〜2002年) によるキー・コンピテンシーや

「ラーニング・コンパス2030」（2019年），また2009年に発足した「21世紀型スキルの学びと評価プロジェクト（ATC21S）」には，資質・能力に関わる国際的議論をみることができます。これらで，共通に求めているのは，異なる意見や考え方に積極的に接しながら，より良い社会の創出に向かう主体的な姿勢であり，テクノロジーを活用した周辺との相互作用です。わが国の学校教育においても，他者とのコミュニケーションの成立に工夫する姿勢，コミュニケーションを通しての創造的提案，そしてコミュニケーションを助ける多様な ICT 活用が期待されています。高森町でも，コミュニケーションによる学習活動を重要視しており，多様な情報メディアを活用しながら低学年の段階から相手意識の醸成を意図した授業に取り組んでいます。

　Web 会議システムを利用して交流する小学校1年と2年の英語活動に幼稚園の園児も加わった実践では，別の学年・学級の小学生を意識した言葉の選択や表現を工夫，園児との交流には特に細かな気遣いをしたり，相手意識を高めながらの言語活動が成立しています。義務教育学校2年における，生活科での活動を国語科につなげた授業では生活科で，秋休みに家族の仕事場へ出向いた児童が，Web 会議システムを介して担任と相談しながら，タブレットを活用して取材する過程で，働く人（家族）や教師との間で目的の異なる対話を経験し，手紙や QR コード付きの学級通信を用いた発信にまで至っています。続く国語科の時間では，生活科での学習を整理したコンテンツを用いながら，「いつ」「誰に」「何をしたか」を押さえながら，家族の仕事を紹介し合っています。ALT が登場する動画や自分の発表の記録を視聴しながら，自分のペースで発音や伝え方を工夫できるよう配慮された英語科の授業では，"文具をおすすめしよう"や"わが家のカレーについて伝え合おう"など，統一された話題での英語コミュニケーションを通して，友達の新たな一面に気付いたり自分の思いを相手に伝えたりする楽しさを味わせようとしています。学習の深化に到達させる対話のため，相手に興味を持たせ，しっかり理解できるよう工夫させる教師の意図が感じられます。

E．気づき・考え方の視覚的に表現・伝達を活かした協働型学習

　学年あたりの生徒数が少なく（3〜7名程度），しかも小学校低学年から同じ顔ぶれであるため，多様な意見が出にくかったり，対話へのモチベーションが上がりにくかったりすることもある高森東学園の授業に，高森中学校の教室を接続させた遠隔合同授業では，生徒数に影響されない質の高い教育が実現されています。Web 会議システムによる face to face での対話に加えて，Web 共有ボードを介してのテキストベースでの気付き・考え方の共有は，話す・聞く能力に加えて文章や図式による表現をコミュニケーションの参考にさせようする教師の意図が感じられます。Web 共有ボードの利用では，まず付箋形状のボックス内にそれぞれの考えを文章化させています。次に，着眼する2つの観点を XY 軸にとった2次元空間上で付箋形状のボックスを移動させ，考えの異同や特色を視覚的に整理させています。個人や班の考えを文章や図で可視化された空間を共有することで，1人1人の発言意欲が高まり，比較分析しな

がらの対話活動が見られます。

■ 2. 学びを拓くコミュニケーション

　わが国における戦後の視聴覚教育の普及を先導した，エドガー・デール（Dale, E., 1900-1985）は，教えるとは「伝達することであり，経験を分かち合うことであり，各自の持っていることを共通することである。結局教えるということは，以上のことを巧みに展開することであり，人間の相互作用の過程を深め，その意味を豊かにし，我々の考えていることを相手によく判らせることである」と述べています（引用：デール著，西本三十二訳，『デールの視聴覚教育』，日本放送教育協会，1957，p.11）。当時，伝達する主な主体として教師が想定されていたことがうかがえますが，今日では学習者自身が対話的・協働的な活動を通して，課題を発見したり解決したりする学習が求められています。つまり，デールの言う，伝達や経験・知識の共有を展開する主体は児童生徒になったのであり，コミュニケーション能力を駆使し他者と作用し合いながら，教科に関わる学びを深めたり，自身の学び方を振り返ったりする姿が求められることになります。45分間，50分間の授業で，他者とのコミュニケーションを繰り返しながら，個々の判断・修正と教室全体での学びとを両立させるのに不可欠なツールや環境となっているのが今日の情報メディアです。

　課題解決学習のモデルとして町内の全校で実践されている「たかもり学習」でも，"たしかにつかむ（導入）" ➡ "かんがえる（展開・前段）" ➡ "もっとふかめる（展開・後段）" ➡ "ふりかえる（終末）"と，教室での全体的な流れは，教室内の全員が同期しながら進んでいきます。この教室全体での動きにおいても，学習者一人一人の気付きや発想がリアルタイムで共有・交換されているのが高森町でのコミュニケーションです。わが国で実践されてきた主に教師が主導する授業でも，学習者に発言を求めたり，グループでの話し合いを求めたりすることはありましたが，学習者全体の思考や学びの推移を把握・活用することは困難でした。高森町の教育は，教育における情報化の進展とともに進められたことにより，教室全体での進行と個々で展開される学びとが，授業時間全体を通して往還がされており，クラウド環境が整備された現在，一人一人での，気付き（発見・課題設定）➡学び方の見通し➡学びの実践➡振り返り・修正（自己調整）のループの繰り返しが，家庭での学習に至る隅々の学びの機会に浸透しています。例えば，理科の実験方法や保健体育のゲーム戦略についての協議を，家庭でのグループ活動でさらに深化させ，次の授業で直ちに実践する姿が見られます。特筆すべきは，学校から連続する家庭での学習で，意見の掘り起こしからグループとしての結論に至るまでのコミュニケーションをコーディネートする学習リーダーの存在です。交代で全ての児童・学習者に機会が与えられる学習リーダー役を担う際，学びを拓くコミュニケーション力が試されつつ，学びの主体者及び担い手としての経験を積む姿は，他の地域にとっても参考になるものです。

第 6 章

企業や地域と連携した
高森町の学び

（1）テレビ放送局（KAB）との取組

学校教育における情報活用教育に関する連携協定

　令和4（2022）年，KAB熊本朝日放送（以下KAB）と高森町と高森町教育委員会が「学校教育における情報活用に関する連携協定」を結びました。連携協定では，児童生徒に「情報を読み解き，活用する力」を育むことをねらいとし，KAB，行政，教育委員会，学校でねらいや目的を共有しながら，主に以下の3つに取り組んでいます。

　　1　教育の情報化におけるコンテンツの利活用及びシームレスな共有
　　2　情報活用の分野における番組制作講座の実施
　　3　インターネットを介したコンテンツの共有システムの構築

（1）教育連携と「社会に開かれた教育課程」

　Society5.0で求められる力から学校や地域，KAB（専門家）と育てたい資質能力を設定し，それらを共有しながら教育活動を展開していきました（図1）。学校や地域社会での学びの中で，KABから提供を受けた豊富な映像資料の視聴や放送局としての専門性を生かした学びの支援を通して「情報を読み解き，活用する力」の育成を図ります。放送局の専門性として，以下の3点を児童生徒の学びの視点としてとらえています。

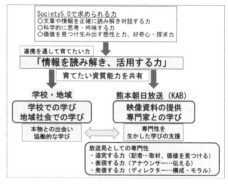

図1　育成を図る資質能力

　　・追究する力（取材する力，新たなものに価値を見出す力…記者）
　　・表現する力（情報を正しく，分かりやすく伝える力…アナウンサー）
　　・発信する力（構成・情報モラル…ディレクター）

（2）取組の実際　高森東学園5年～9年生高森ふるさと学（総合的な学習の時間）

①KAB（専門家）と連携した学びの単元デザイン

　「持続可能な町づくり」をテーマに5年～9年生までの児童生徒を異学年合同でグルーピングし，5つのプロジェクトを立ち上げて学びを展開しました。まず，課題の設定では，これまでの高森ふるさと学（総合的な学習の時間）で醸成された地域に対する思いや課題意識から追究したいテーマを設定し，プロジェクトを立ち上げました。

　次に，KAB（専門家）から課題解決に必要な力を学びながら，情報を取集し，自分たちにできる取組に

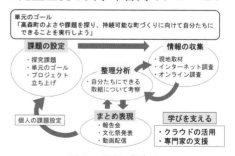

図2　単元デザイン

ついて考察していきました。考察していく中で，さらに必要となった情報を収集，整理分析を繰り返していき，文化祭発表や動画配信といった課題解決へと学びが発展的に繰り返されながら展開できるよう単元をデザインしました（図2）。

②KAB（専門家）と併走しながら展開する課題解決

情報収集の場面では，まずKABの方々から課題解決に必要な知識や技能をオンラインによる講座形式で学びました（図3）。

講座内容
○ニュースができるまで【テレビ局の仕事】
○アナウンスについて【相手に伝わる読み方】
○記者・ディレクター【素材の価値を見出す】
○カメラマン【考えを読み取り，状況をとらえる】

専門性を学ぶ講座内容　　　　　　　　　　　　　　図3　オンライン講座の様子

次に講座で学んだことをもとに，5つのプロジェクトごとにグループ内で役割分担をしました。役割は以下のように設定しました。

○ディレクター：全体指揮及び情報の管理
○記者：取材先を決定し，取材した内容をまとめる
○カメラマン：取材の様子を記録し，伝わりやすいように編集する
○アナウンサー：さまざまな場所でリポートしたり原稿を読んだりする

そして，課題解決に向けてプロジェクトで取り組む内容について整理し，プロジェクトごとに企画書を作成しました（図4）。作成した企画書をもとに，KABの方々へ企画を提案し，企画内容やこれから行う情報収集についてアドバイスを受けました（図5）。

図5　プロジェクトの企画を提案する

図4　プロジェクトで作成した企画書

アドバイスをもとに，各プロジェクトは現地取材や現地調査，オンライン取材など多様な手段で情報収集を行いました（図6）。収集した情報をもとに自分達にできる取組について考えを練り直し，企画書を整理していきました。課題解決を図る中で，参考になる映像資料は「KAB映像ライブラリー」（図7）として児童生徒が日常的

図6　取材の様子

に活用するポータルサイトに収蔵され，自由に視聴できるようにしました。動画制作をゴールに設定したプロジェクトは，収蔵されているニュース番組や特別番組などを視聴する中で，自分たちが制作する動画の構成などのイメージを共有するために活用しました。また，「KAB映像ライブラリー」では，いつでもKABの方々に質問できる「Web質問シート」をKABと共

図7　KAB映像ライブラリー

有しました。「Web質問シート」には，児童生徒が課題解決に向けてKABの専門家に聞きたいことを記入し，それに対してKABからアドバイスを記入してもらうようにしました（図8）。

名前役割	質問事項記入	KABからのアドバイスを記入
9月20日	動画を作るときの構成としてはどのような順番が一番良いのでしょうか？（現状・害獣への思い・対策　等）	「害獣への思い」がどのような内容になるかでも変わってきますが，いつ・どこで・だれが・なにを・どう・・・という基本的な流れで説明するのが受け手にとっても分かりやすい，と考えるのが一般的です。【A案】①害獣に困っている声が沢山ある　②被害の現状　③こういう対策をしていこう！【B案】①被害の現状　②対策をこうしていこう　③害獣が減っていくと期待したい【C案】①被害の現状　②害獣に困っているという声が沢山ある　③対策を考えた！などなど・・・でも，一番大事なのは，順番ではなくて，何を伝えたいか，何が伝わって欲しいか，です！（伊勢）◆直接の答えではないかもしれませんが，今回のテーマの重要なポイントの1つに「害獣の被害の様子を映像で伝える」と言うことがあります。もちろん被害に遭われた方の声も大事ですが，映像でしか伝えられない「害獣被害の様子」をいかに撮影するか，考えて見て下さい。映像が撮れないのであれば，どうにかして入手できないか，それも方法の1つです（相谷）
9月21日	動画作成の時，現地の情報を伝えるためにアナウンサー自身が動画に映る場合と，アナウンサーの声だけが入る場合があると思います。どのように使い分ければいいのでしょうか。	アナウンサー（人）を入れる場合の目的の1つに，紹介する場所の広さや大きさを伝える目的があります。崖ならどんくらいの高さがあるのか？などです。ただ，現場の取材にアナウンサーがいるのであれば，アナウンサーが場所を伝える映像とアナウンサーなしで場所を伝える映像，両方を撮っておくと間違いありません。防災に関する映像は場所が中心となるため映像が風景的なものに偏るので，人が映る方がより伝わりやすいと思います。声だけは，逆にアナウンサーが取材現場に行けない場合や，場所の説明などと考えて良いと思います（細谷）

図8　KABと共有する「Web質問シート」

　まとめ表現場面では，取材した内容や取材動画をもとに2つのプロジェクトがKABと協働して動画制作を行いました。観光プロジェクトは，地域の観光の活性化に向けて熊本地震から復興を遂げた南阿蘇鉄道のPR動画を制作しました。制作過程では，南阿蘇鉄道の魅力を伝えるために必要な素材の選定（図9）や動画にあてるナレーションなどについてのアドバイスを受け，KABと協働しながら編集を重ね，よりクオリティの高い動画を制作しました（図10）。また，地域の伝統文化を探究するプロジェクトでは，地元で発見された栄養価の高い大豆の魅力を発信するためのPR動画を制作しました。KABとクラウド上でGoogleスライド（図11）を共有し

図9　さまざまな立場の方への取材

図10　KABと協働制作したPR動画

ながら動画の構成を考えたり，家庭でも児童生徒同士でオンライン会議を行ったりしました。

授業での学びと家庭学習を連動させることでスムーズに動画制作を進めていきました（図12）。

図11　動画の構成を考えるスライド

図12　動画制作の様子

③KAB（専門家）と共演する情報発信

　高森東学園の文化祭では，これまでKABと協働しながら進めてきた5つのプロジェクトの成果発表を行いました。文化祭での発表に向けて，KABアナウンサーによる発声法や原稿の読み方に関するアナウンス講座を実施し，児童生徒の表現力の育成も図りました（図13）。そして，文化祭本番ではKABアナウンサーに司会進行を依頼し，生放送のニュース番組風に5つのプロジェクトの発表を展開していきました（図14）。

図13　アナウンス講座

図14　文化祭での発表の様子

（3）児童生徒の変容

　KABとの連携によって，KABのもつ専門性を生かした協働的な学びが，児童生徒のより主体的な学びとなり，情報活用能力の育成を図ることができました。

> （生徒感想）プロジェクトでは，PR動画を制作する中で情報を収集し，それらの信憑性を確かめ，再取材，構成を考えるなどこの学習を通して学んだことは大きな自信になった。また，地域への取材やKABの方々との活動を通してコミュニケーション力がついた。文化祭でも一番伝えたいことが伝わるように構成を考えて発表することができた。

執筆者　高森町立高森東学園義務教育学校　北　　慎一郎

（2）新聞社との連携

1．校種・学年・教科等

小学校・4年・国語「新聞を作ろう」

2．実践のポイント

（1）主体的・対話的で深い学びの実現

　これまでの学習で出会った人々を想起させ，新聞を読んでもらう相手を設定することで，相手意識や目的意識を明確にしました。また，専門家から新聞への評価をもらうことで，言葉について，その意味や働き，使い方などさまざまな側面からとらえ，自他の作成した記事の表現について吟味できることを目指しました。

（2）教室の枠を超えた学びの場と機会の拡大

　単元を通して，専門家との遠隔接続による学びを複数回設定することで，必要な情報を必要な時に収集できるようにしました。また新聞の特徴や作り方について，専門家との対話を通した双方向のやりとりの中で主体的に学ぶ姿を目指しました。

（3）情報活用能力の育成

　さまざまな資料（教科書，新聞，提示資料，専門家）から新聞作りの知識・技能を身に付けることで，複数の方法と考え方を身に付け，自分で選択・判断をしながら新聞作りを行えるようにしました。クラウドサービスを効果的に活用し，友達との対話を通して新聞作りに取り組ませることで，さまざまな情報を活用しながら協働的に学習に取り組めるようにしました。

3．事例の紹介

　単元の中で「新聞について」「取材方法」「割り付け，見出し」の3つの内容について専門家との遠隔による学びを設定しました。複数回の遠隔を設定したことで，児童は専門的な学びと実践というサイクルを繰り返しながら，新聞作りについて体験的に学ぶことができました。また，専門家と交流する機会が複数あることで，学習をしながら出た疑問点を尋ねたり，より良い新聞になるためのアドバイスを求めたりする姿も見られました。

　単元の終末には，専門家と直接対面して，作成した新聞の講評をもらうことで，学習への達成感を高められるようにしました。

4. 活動の様子と児童の変容

①専門家からの学び

　学習計画に沿って専門的な技能を身に付けることができるように，単元の中で複数回（4回）の遠隔での学習を設定しました。

図1　新聞社との遠隔の様子

　図1は新聞社の方との遠隔での学びの様子です。新聞社の方の話は児童にとって関心の高いもので，驚きの声を上げたり，メモをしたりしながら主体的に学ぶ姿が見られました。また，質問タイムを設けたことで，聞いて終わりにするのではなく，疑問をその場で解決しながら学習することができました。

　単元の終末では，新聞社の方に直接講評をしていただきました。遠隔接続で出会った方と直接対面し，コメントをもらうことで児童の自信と励みにつながることを期待しました。

②インタビューによる情報の収集

　遠隔接続で取材方法を学んだ後，新聞社の方から実際に取材を受けることで取材方法について体験的に学びました。新聞社の方の質問に答えながら，質問の仕方やメモのとり方について，学びを深める様子が見られました。その後，児童は，質問内容を検討しながら直接インタビューをすることで必要な情報を収集しました。新聞社の方から学んだ「いつ，どこで，だれが，何を，どうやって」を意識しながら取材を行う姿が見られました。

図2　取材の様子（校外）

　図2は実際に地域の商店に取材を行う様子です。「足でかせぐ」重要性を理解し，自分でアポイントを取りながら取材に臨む姿が見られました。直接インタビューに行けない場所に関しては，インターネットで電話番号を検索し，電話での質問を試みるグループも出てきました。

③アンケートによる情報の収集

　図3は地域の観光センターにアンケート箱の設置をお願いしている様子です。アンケート箱を回収後，結果を集計し何を目的にした観光が多いのかを把握し，記事作りに生かすことができました。取材を通して，さまざまな方法を検討して，必要な情報を収集しよう

図3　アンケート箱設置の様子

とする姿が見られました。これらの姿は主体的に学ぶ姿，そして，情報活用能力の育成につながっています。

④多様な資料の活用

　単元の導入では学校図書館にある実際の新聞から，新聞の特徴やその他の文章との違いについて考えました。教科書の文章と比較をすることで，文章の書き方の違いや図や説明があることに気が付くことができました。また，学習する上で分からないことは，新聞社の方に直接質問をしたり，辞書を引いたり，インターネットで調べたりしながら資料を活用するなど，多様な資料を活用しながら主体的に学ぶ姿が見られました。

⑤クラウドサービスを活用した新聞の制作

　タブレット端末上で記事作りを行ったことで，文章の修正を容易に行うことができました。修正が容易になることで，主体的に友達や教師のアドバイスを聞き，何度も修正をする姿が見られました。このことは，自分の記事への自信にもつながり，全ての児童が割り付けられたスペースの記事を作成することができました。

　また，クラウドサービスを活用しての共同制作を行ったことで，複数人で同時に修正をすることができ，役割を分担しながら協働的に学習に取り組む姿も見られました。

⑥新聞資料「号外」の活用

　図6は，単元の週末に新聞社の方が作った新聞（号外）を児童に紹介している際の様子です。この号外が1時間で作成されたと聞き，児童は驚きの声をあげていました。児童は自分達が長い時間をかけて作成してきたからこそ，その新聞を1時間で作成す

図4　新聞から情報を読み取る様子

図5　共同制作の様子

図6　号外を紹介する様子

図7　講評の様子

るプロの技の凄さを実感していました。自分達が作成した新聞が掲載された号外は，児童にとって価値のある資料になり，多くの児童が今でも大切に保管をしています。

　また，遠隔での学習を複数回行い，単元の終末では対面しての学びも設定しました。プロの技に驚き，そのプロから直接講評をしてもらうことで，児童は自分達の新聞に対する自信や達成感を強く感じることができました。

⑦児童の変容

（児童感想）
・ぼくはこの学習で新聞を作ることが楽しいことを知りました。どんなことが楽しいかというと，どういう書き方をすれば読む人が楽しいかを考えたところやどういうところに色をつけた方がいいか考えたことです。この新聞作りをして，新聞記者をやってみたいと思いました。
・わたしは新聞を作るのは大変だと思っていたけれど，いろいろな人としゃべったり，アンケートをしたりしたのがいつのまにか楽しくなっていました。いい新聞ができたと思うけど，次に書くときはもっとくわしく書きたいです。

　児童感想や児童の作品から児童は見出しや文字の色を工夫したり，自分で収集した画像を適切に配置したりしながら新聞を作成することができていたことが分かりました。書くことに苦手意識のある児童が一定数いる中，「新聞を作ろう」の学習は達成感や有用感を感じることのできた学習になったと言えます。それは，専門家からの学びを複数回設定したことにより，活動への見通しが明確になり「書くこと」への意欲が高まったからだと考えます。

　下の図は，「新聞を作ろう」を学習した４年時の新聞と，５年生になったときの総合的な学習の時間に作成した新聞です。学習のまとめの際に，学んだことの発信方法を自分たちで検討して，新聞で発信することを選択しました。４年時での学びが次の学年でも生き，さまざまな情報を収集，整理しながら，学びを新聞としてまとめる姿が見られました。

図8　４年時に作成した新聞　　　　　　　図9　５年時に作成した新聞

執筆者　大津町立護川小学校［高森町立高森中央小学校］　小　林　　　翼

（3）タブレット図書館の取組

1.「タブレット図書館」構築などに向けた包括連携協定の締結

令和2（2020）年1月，高森町と高森町教育委員会，熊本日日新聞社は電子書籍を子どもや町民に提供する「タブレット図書館」の構築などに向けた包括連携協定を結びました。

本町にはこれまで本格的な図書館がなく，情報拠点としての図書館整備を求める声が上がっていました。町中心部と山間部の情報格差の解消も課題で，人口減少が進む中，建設費や人件費などを考慮した整備を探っていました。

図1　包括連携協定を結んだ（左から）熊日の河村邦比児社長、高森町の草村大成町長、佐藤増夫教育長（当時）＝令和2年1月11日付　熊本日日新聞より

一方，ICT に関して本町は，平成24（2012）年度からいち早く教育現場を含む環境整備を進める先進的な自治体であり，電子書籍を活用すれば，財政コストを抑えながら充実した図書環境を実現できると判断し，「タブレット図書館」構築に着手しました。

小中学生が授業で使う図書や熊本日日新聞の過去の紙面・記事をデジタル配信し，タブレット端末で読むことができる仕組みです。

2．新型コロナウイルスによる臨時休校時における家庭学習教材の開発・提供

学校や町民向けに「タブレット図書館」の構築を目指して協議を重ねているさなか，令和2（2020）年2月中旬からの新型コロナウイルス感染拡大に伴い，令和2年5月末まで学校の臨時休校を余儀なくされました。

本町では，平成27（2015）年度から令和2（2020）年に至るまで，文部科学省指定事業を受けて，学校間や外部専門施設等とのオンライン授業の研究・実践を行ってきました。また，本町は1人1台のタブレット端末整備が平成30（2018）年度には完了しており，児童生徒がタブレット端末を持ち帰り，家庭学習に生かすようになって4年目を迎えていました。その継続的な取組が今回のコロナ禍における対策として有効な手立てとなっており，臨時休業中のオンライン教育を計画的・継続的に実施することができました。

臨時休校期間中，児童生徒の家庭学習を支援するために，「タブレット図書館」構築に関す

る本町と熊本日日新聞社が結ぶ包括連携協定に基づき，家庭学習支援のための動画を制作し，児童生徒のタブレット端末に提供しました。内容は，熊本日日新聞掲載の小中学生新聞「くまTOMO」の記事を執筆者らが楽しく解説したものです。動画で活用された記事は，阿蘇の希少な動植物を紹介する「ASO生きものがたり」で，執筆者と担当記者が，伝統的な農業と密接につながった命の営みなどについて動画で解説したものです。家庭学習において動画を姉

図2 「ASO生きものがたり」を視聴している様子
＝令和2年5月3日付 熊本日日新聞より

弟で視聴した児童は，「地元にいながら知らないことも多かった。外に出られるようになったら観察に出かけてみたい」という感想を述べていました。

3．「デジタル教材」の提供開始

新型コロナウイルスによる臨時休業が明けた令和2（2020）年の夏休み，熊本日日新聞社は包括連携協定に基づく実証研究の一環として，自社の記事を活用した「デジタル学習教材」を制作し，本町の小学校6年生に提供しました。教材は，学校が活用しているポータルサイト上に「数字でみるTOMO」というアイコンを貼り付け，ワンクリックで利用できるようにしました。「デジタル学習教材」は，「くまTOMO」の記事を再構成してクイズが盛り込まれており，児童が楽しみながら学習できる教材となっています。また，統計データを通じて地域の特産品や自然などについて学べる記事や，小学校で必修化されたプログラミングを学べる教材も提供されました。

図3 ポータルサイトの各種アイコン

4．学校教育における「タブレット図書館」の利用開始

令和2（2020）年10月，町内の全小中学生向け「タブレット図書館」の運用を開始し，高森中央小学校にて運用開始式を兼ねた公開授業が行われました。本町のタブレット図書館は一般的な電子図書館と異なり，1冊の本を同時に全端末から閲覧し，授業教材としても活用でき

るものです。学研ホールディングス所蔵の最新デジタル本など，定期的に入れ替えながら常に300冊を自由に読むことが可能です。

　児童は早速気になる本を探し閲覧していました。「学校に置いていない本がたくさんあって楽しそう。読みたい本が友達と同じでも順番待ちせず読めるのでうれしい」という声が聞かれました。

　利用開始から5カ月間で延べ6200冊の利用があり，学校の朝読書の時間や授業での活用，端末を家に持ち帰って利用しています。

図4　タブレット図書館を利用する児童たち
　　　＝令和2年10月15日付　熊本日日新聞より

5．地域住民向け「タブレット図書館」運用へ利用者拡大

　令和2（2020）年10月から学校教育において運用を開始していた「タブレット図書館」を，令和5年度からは利用対象を小学生以上の全町民約6000人に拡大しました。蔵書数も約1万3000冊となっており，対象者全員にIDとパスワードを付与し，スマートフォンなどの閲覧媒体がない場合は，町がタブレット端末を無料で貸し出しています。また，公民館など51カ所にも端末を配備しています。

図5　タブレット端末に映し出されたデジタル図書館
　　　の画面＝令和5年6月24日　熊本日日新聞より

執筆者　高森町教育委員会事務局　楢木野　秀　徳

おわりに

　熊本県高森町では，平成24（2012）年3月，「高森町に誇りを持ち，夢を抱き，元気の出る教育の創造」をキャッチコピーに「コミュニティ・スクールを基盤とした小中一貫教育・ふるさと教育」を重点施策とする「高森町新教育プラン」を策定し，高森の教育改革を進めてまいりました。この「高森町新教育プラン」に基づくICT環境の整備・充実を基盤とした教育の情報化は，地方創生に資する地域情報化の優れた取組として，総務省における地域情報化大賞奨励賞を受賞しました。また，日本教育工学協会の学校情報化認定において，全国初の先進校・先進地域となるなど，高い評価を受けてきました。この間，有識者の継続的な指導を受けながら企業とも連携して，文部科学省の委託事業や熊本県教育委員会の研究指定等を受託し，プログラミング教育や，遠隔・オンライン教育，タブレット端末の持ち帰り学習などに取り組んできました。これらの全国に先駆けた先進的な取組は，高森町教育研究会を中心とした町を挙げての授業改善の取組であり，12年にわたり研究発表会（令和5年度から公開授業研究会）を開催し，研究成果の普及にも努めてきました。

　振り返りますと，平成24（2012）年にICT機器の効果的な活用な活用について研究をスタートさせ，全ての学校・学級で課題解決型授業（「たかもり学習」）に取り組み始めました。当時は，一単位時間における指導過程に効果的なICT活用を位置付け，児童生徒の学力向上につなげるという，教師のICT活用が中心でした。研究発表会の名称も「熊本県高森町『教育の情報化』研究発表会」でした。平成26年度からは，小学校におけるプログラミング教育の取組を開始しました。令和元（2019）年度からは，前年度に1人1台の端末が整備されたことを受けて，ガイド学習を中心とした学習者主体の学び，遠隔教育や端末の持ち帰りによる教室の枠を超えた学びについて研究を深めました。研究発表会も「熊本県高森町『新たな学び』研究発表会」に名称を変更しました。コロナ禍によるオンライン研究発表会を経て，令和4年度からは「自立した学習者の育成」を研究テーマに，児童生徒による効果的な端末の活用を通して，自立した学習者に必要とされる資質・能力の育成に努めています。

　本書は，長年にわたり本町の教育DXに関して有識者として関わっていただいております東京工業大学名誉教授 清水康敬先生，宮崎大学理事・副学長 新地辰朗先生，東京学芸大学教職大学院教授 堀田龍也先生，中村学園大学教授 山本朋弘先生にご指導いただきながら取り組んできた，町内の教職員の12年間にわたる実践を収集した実践事例集です。1人でも多くの先生方に手にとっていただき，「個別最適な学びと協働的な学びを一体的に充実し，主体的・対話的で深い学びの実現に向けた授業改善」（令和3年1月：中央教育審議会答申）の参考としていただくことができればと考えております。

　今回，これらの実践的研究をまとめる機会を与えていただき本町の教育実践を見直す機会となりました。今後も引き続き教育DXを推進し，「高森町に誇りを持ち，夢を抱き，元気の出る教育の創造」に努めていきたいと考えています。

熊本県高森町教育委員会

執筆者一覧　※順不同，所属は令和6（2024）年4月1日時点，［　］内は高森町での所属と職名

山本　朋弘　中村学園大学教育学部　教授

堀田　龍也　東京学芸大学教職大学院　教授

新地　辰朗　宮崎大学　理事・副学長

草村　大成　熊本県高森町　町長

佐藤　増夫　高森町教育委員会　元教育長

古庄　泰則　高森町教育委員会　教育長

石井　佑介　高森町教育委員会事務局　審議員兼教育CIO補佐官

栗原　邦広　阿蘇市立一の宮小学校　校長［高森町立高森中学校　校長］

山村　直子　高森町立高森中央小学校　教諭［高森町立高森中央小学校　校長］

本田　雅隆　高森町立高森東学園義務教育学校　元校長

古田　　亮　熊本大学大学院教育学研究科（教職大学院）教職実践開発専攻　シニア教授

藤岡　寛成　熊本県教育庁市町村教育局　局長

塩村　勝典　熊本大学教育学部附属小学校　校長

藤山　裕作　株式会社熊本日日新聞社　読者・新聞学習センターくまTOMO編集委員

福島　健太　阿蘇市立波野小学校　教諭［高森町立高森中央小学校　教諭］

坂本　大志　高森町立高森中学校　教諭

北　慎一郎　高森町立高森東学園義務教育学校　教諭

日田　湧大　高森町立高森中学校　教諭

本田こずえ　高森町立高森中央小学校　講師

丸野　公士　高森町立高森中央小学校　教諭

衛藤　るみ　高森東学園義務教育学校　講師

小林　　翼　大津町立護川小学校　教諭［高森町立高森中央小学校　教諭］

佐藤　　優　合志市立南ヶ丘小学校　教諭［高森町立高森中央小学校　教諭］

熊谷　潤一　高森町立高森中学校　教頭

早川　眞二　高森町立高森中学校　講師

大津　　遼　高森町立高森中央小学校　教諭

津田　　歩　高森町立高森東学園義務教育学校　教諭

坂田　美保　高森町立高森東学園義務教育学校　教諭

城井　順一　阿蘇市立一の宮小学校　主幹教諭［高森町立高森中央小学校　教諭］

猿渡　裕幸　菊池市立菊池南中学校　教諭［高森町立高森中学校　教諭］

岩田　美紀　山都町立清和小学校　教諭［高森町立高森東学園義務教育学校　教諭］

吉田沙也加　熊本大学教育学部附属小学校　教諭［高森町立高森東学園義務教育学校　教諭］

野村　優資　菊陽町立菊陽中学校　教諭［高森町立高森中学校　教諭］

髙島　沙依　高森町立高森中央小学校　教諭

川﨑　留美　阿蘇市立阿蘇小学校　教頭［高森町立高森中央小学校　教諭］

斗髙　真美　山都町立矢部中学校　教諭［高森町立高森東学園義務教育学校　教諭］

楢木野秀徳　高森町教育委員会事務局　社会体育係長

編者プロフィール

山本朋弘（やまもと　ともひろ）　中村学園大学教育学部　教授

・博士（情報科学）、修士（教育学）。東北大学大学院情報科学研究科を早期修了。鹿児島大学教育学部附属教育実践総合センター講師、鹿児島大学大学院教育学研究科准教授を経て、令和3（2021）年から中村学園大学教育学部教授。

・文部科学省 「教育の情報化に関する手引」検討委員、文部科学省ICT活用教育アドバイザー等、文部科学省の検討委員等を歴任。その他、九州管内の約20の自治体の教育アドバイザーとして関わる。

・日本教育工学協会副会長、九州教育情報化研究会事務局長、日本教育工学会、日本教育メディア学会の編集委員を務める。日本教育工学会、日本教育心理学会、日本科学教育学会、日本教育メディア学会、日本教育システム情報学会の会員

清水康敬（しみず　やすたか）　東京工業大学　名誉教授

・東京工業大学大学院理工学研究科修士課程修了。工学博士。（株）第二精工舎、東工大助手、助教授を経て昭和60（1985）年同教授。教育工学開発センター長、大学院社会理工学研究科長、平成13（2001）年国立教育政策研究所・教育研究情報センター長。平成16年独立行政法人メディア教育開発センター理事長、平成21年国立大学法人東京工業大学監事。

・中央教育審議会専門委員、文部科学省「教育の情報化に関する手引」検討委員会委員長、総務省先導的教育システム実証事業評価委員会委員長等、文部科学省や総務省の委員長等を歴任。

・IEEE Fellow、日本教育工学協会会長、日本教育工学会会長、日本科学教育学会理事、日本音響学会理事等を務める。平成11年文部大臣賞受賞。平成12年郵政大臣表彰。平成23年総務大臣表彰。

堀田龍也（ほりた　たつや）　東京学芸大学教職大学院　教授

・東京学芸大学教育学部卒業。東京工業大学大学院社会理工学研究科博士後期課程修了。博士（工学）。東京都公立小学校教諭、富山大学教育学部助教授、静岡大学情報学部助教授、独立行政法人メディア教育開発センター研究開発部准教授、玉川大学教職大学院教授、文部科学省参与等を経て、東北大学大学院情報科学研究科教授。現在、東京学芸大学大学院教育学研究科教授、学長特別補佐を兼担。

・中央教育審議会委員、デジタル学習基盤特別委員会委員長、教育データの利活用に関する有識者会議座長、情報活用能力調査に関する協力者会議主査ほか、教育の情報化に関する委員を歴任。

・日本教育工学会会長。平成23（2011）年文部科学大臣表彰（情報化促進部門・個人）。

新地辰朗（しんち　たつろう）　宮崎大学　理事・副学長
・博士（工学），修士（学校教育学）。鹿児島県公立高等学校教諭を経て，平成8（1996）年より宮崎大学。平成17年教育学部教授，平成23年大学院教育学研究科長，平成27年教育学部附属教育協働開発センター長，平成30年より宮崎大学理事・副学長（教育・学生担当）（現在に至る）。
・宇宙開発事業団「衛星利用促進委員会」委員，文部科学省「教育情報化総合支援モデル事業」企画評価委員会委員・「確かな学力の育成に係わる実践的調査研究」企画評価委員・「ICT活用教育先進国の訪問調査委員会」委員，日本教育工学協会副会長・学校情報化認定委員会委員長を歴任。
・日本教育工学協会評議員，（財）パナソニック教育財団専門委員，一般社団法人高等教育コンソーシアム宮崎業務執行理事を務める。日本教育工学会，日本科学教育学会、日本産業技術教育学会，日本情報科教育学会，情報処理学会，電子情報通信学会の会員。

髙谷浩樹（たかや　ひろき）　元文部科学省　情報教育・外国語教育課長（現 内閣官房　内閣審議官　兼 内閣府　健康・医療戦略推進事務局次長）
・大阪大学大学院工学研究科修士課程修了。その後は行政官として研究推進をはじめとする文部科学行政に広く従事。その間、スタンフォード大学留学の他、在スウェーデン日本大使館一等書記官、科学技術政策担当大臣秘書官、国立研究開発法人理化学研究所経営企画部長等を歴任。現在は内閣官房内閣審議官 兼 内閣府健康・医療戦略推進事務局次長。
・平成30（2018）年から令和2（2020）年まで文部科学省初等中等教育局情報教育・外国語教育課長としてGIGAスクール構想の立ち上げを主導。その後もデジタル庁アドバイザー等として、行政側から教育DXに関与。
・日本教育工学協会会員。著書『教育界とデジタル技術』（東洋館出版社）ほか。

・Chromebook，Google ドキュメント，Google Jamboard，Google スライド，YouTube は Google LLC の商標です。
・Microsoft Excel は Microsoft Corporation の米国およびその他の国における登録商標または商標です。
・MESH はソニーの商標です。
・Wi-Fi は Wi-Fi Alliance の登録商標または商標です。
・micro:bit は Micro:bit 教育財団の登録商標です。
・Scratch は，MIT メディア・ラボのライフロング・キンダーガーテン・グループの協力により，Scratch 財団が進めているプロジェクトです。https://scratch.mit.edu から自由に入手できます。
・Root はアイロボットの登録商標または商標です。
・ラインズ e ライブラリはラインズ（株）の登録商標です。
・QR コードは（株）デンソーウェーブの登録商標です。

熊本県高森町　教育 DX の軌跡

発 行 日　　2024（令和 6）年 6 月 30 日
編 著 者　　山本朋弘
　　　　　　清水康敬
　　　　　　堀田龍也
　　　　　　新地辰朗
　　　　　　髙谷浩樹
発 行 者　　高森町教育委員会
　　　　　　〒869-1602 熊本県阿蘇郡高森町高森 2168
　　　　　　0967-62-0227
制作・発売　熊日出版（熊日サービス開発株式会社）
　　　　　　〒860-0827 熊本県熊本市中央区世安 1 - 5 - 1
　　　　　　TEL096-361-3274　FAX096-361-3249
　　　　　　https://www.kumanichi-sv.co.jp/books/
装　　　丁　ウチダデザインオフィス
印　　　刷　シモダ印刷株式会社
© 高森町 2024 Printed in Japan

ISBN978-4-911007-09-9 C3037